珍藏本
纪念版

汉译世界学术名著丛书

多元的宇宙

〔美〕威廉·詹姆斯 著

吴棠 译

商務印書館
SINCE 1897 The Commercial Press

2017年·北京

William James

A PLURALISTIC UNIVERSE

Hibbert Lectures at Manchester College

on the Present Situation in Philosophy

LONGMANS, GREEN, AND Co.

NEW YORK, 1909

根据纽约朗曼,格林出版公司 1909 年版本译出

汉译世界学术名著丛书
（120年纪念版·珍藏本）
出 版 说 明

2017年2月11日，商务印书馆迎来120岁的生日。120年前，商务印书馆前贤怀揣文化救国的理想，抱持“昌明教育，开启民智”的使命，立足本土，放眼寰宇，以出版为津梁，沟通中西，为中国、为世界提供最富智慧的思想文化成果。无论世事白云苍狗，潮流左右激荡，甚至战火硝烟弥漫，始终践行学术报国之志，无改初心。

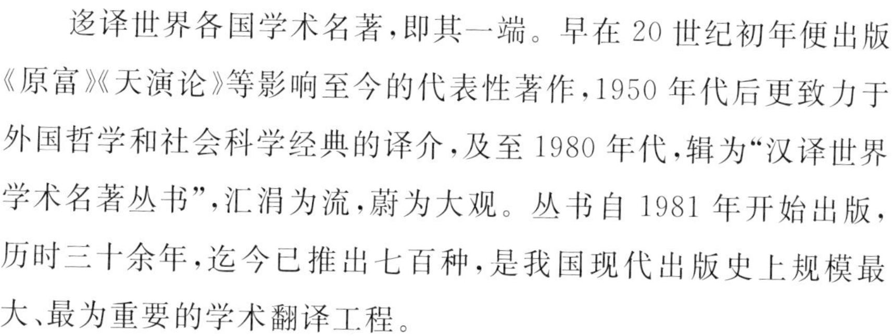

迻译世界各国学术名著，即其一端。早在20世纪初年便出版《原富》《天演论》等影响至今的代表性著作，1950年代后更致力于外国哲学和社会科学经典的译介，及至1980年代，辑为“汉译世界学术名著丛书”，汇涓为流，蔚为大观。丛书自1981年开始出版，历时三十余年，迄今已推出七百种，是我国现代出版史上规模最大、最为重要的学术翻译工程。

丛书所选之书，立场观点不囿于一派，学科领域不限于一门，皆为文明开启以来，各时代、各国家、各民族的思想与文化精粹，代表着人类已经到达过的精神境界。丛书系统译介世界学术经典，引领时代思想，为本土原创学术的发展提供丰富的文化滋养，为推动中国现代学术和现代化进程做出了突出的贡献。

为纪念商务印书馆成立120周年，我们整体推出“汉译世界学术名著丛书”120年纪念版的珍藏本，寄望既利于文化积累，又便于研读查考，同时向长期支持丛书出版的译者、编者和读者致以敬意。

两甲子后的今天，商务印书馆又站在了一个新的历史时间节点上。我们不仅要铭记先辈的身影和足迹，更须让我们的步伐充满新的时代精神。这是商务人代代相传的事业，更是与国家和民族的命运始终紧密相连的事业。我们责无旁贷，必须做好我们这代人的传承与创造，让我们的努力和成果不仅凝聚成民族文化的记忆，还能成为后来人可以接续的事业。唯此，才能不负前贤，无愧来者。

商务印书馆编辑部

2017年10月

目　次

第一讲　哲学思维的类型

这几次演讲是为了一般听众而作，而且次数不多，所以一切非 3
常特殊的问题暂且不谈，只谈大家都有兴趣的某些题目。幸运得
很，我们的时代好像又逐渐成为理性的时代了——灰烬之中仍旧
闪烁着常见的火焰。牛津多年来是英国社会深受康德和黑格尔影
响的唯心论的种子田，最近却成为一个很不相同的思想方式的苗
圃。甚至于不专门研究哲学的人们也都开始对所谓多元论或者人
道主义上的争论感兴趣了。看起来有点像是古老的英国经验主义
这些年来被声誉赫赫的德国的惯用信条所淹没，现在也许可以重
振羽翼，准备作一次比以前更为有力的飞翔。看起来好像基础正
在重新探测，并且再次加以检查。

个性超出一切分类之外，可是我们坚持要把我们所遇到的每
一个人分类到某个一般项目之下。因为这些项目通常引起听到的 4
人一些有偏见的联想，哲学的生命大部分就是由对分类的怨恨和
对被人误解的不平所构成的。但是误解有清除的迹象，而且，总的
说来，讨论并不尖刻，这要部分地感谢牛津和哈佛。我回顾六十年
代，穆勒、贝恩（Bain），和汉密尔顿（Hamilton）是不列颠仅有的几
位为人所公认的哲学家。斯宾塞（Spencer）、马蒂诺（Martineau），
和霍奇森也才初露头角。在法国，库辛（Cousīn）的学生只是在辛

勤地钻研历史，而且只有勒努维耶（Renouvier）具有一个独创的体系。在德国，黑格尔派的冲击已经衰颓，因此，除去历史上的学术成就之外，只有毕希纳（Büchner）和乌耳里齐（Ulrici）拥护唯物论的争论仍无休止。陆宰和费希纳是两个仅有的富于独创性的思想家，而费希纳根本就不是一个专门研究哲学的人。

给人的一般印象是肤浅的争端和对立的意见，不足道的精妙
5 和一片广泛的无知。浅薄的特质到处蔓延。塞缪尔·贝莱在1855年出版的《讨论人的精神的哲学书简》（“*letters on the philosophy of the human mind*”）是英国联念主义最有才能的著作之一，而且是一本真正有分量的书。可是，请听听他是怎样谈论康德的：“没有人在读完了菁华录等等以后，听到具有杰出能力的人们说，他们多年研究康德，还没有能够从康德的思辨里得到一个明确的概念而会感到诧异。他们若是能够得到明确的概念，我简直倒要感到诧异了。1818年前后，格伦维尔勋爵（Lord Grenville）在访问英格兰大湖区域的时候，对威尔逊（Wilson）教授说，他研究康德哲学五年，还不能获得一个明确的观念。威尔伯福斯（Wilberforce）差不多在同一时期对我的另外一个朋友说了同样坦率的话。詹姆士·麦金托希爵士（Sir James Mackintosh）说，‘我正在竭力了解这个受人非难的德国哲学’。这显然是几经挫折而感到恼怒的话。”[1]

哪位牛津思想家今天竟然敢于把这样天真而褊狭的权威语句印发出来？

6 时代精神激起热情，知识的火炬就从一个国家传到另外一个国家。哲学意识的加深从德国传到我们英国人身上，这种意识的加深不久也许要传回德国。我们要感谢费勒尔、斯特林（J. H.

Stirling)，特别是格林。如果要我大略地谈谈主要的哲学变化，我想把这种变化叫做从英国古老的粗疏思维（不管这种思维是宗教的还是反宗教的，它考虑问题都特别简单）转向于最初来自德国的理性主义。但是，这种理性主义摆脱了德国的专门性和尖锐性，而满足于暗示，满足于含糊，并且满足于英国式的虔诚。

格林初到牛津的时候，那一代的人似乎感到他们吃心理学和联念主义切碎了的草料已经够久的了，而且似乎感到需要一点广漠性，即使广漠带来模糊，也有如远方吹来的和风，滋润温泽，使我们回想起我们出生以前的崇高状态。

格林的攻击重点是当时占统治地位的英国感觉主义的不相连 7
性。格林认为**寻找关联**是伟大的理智活动，而且他相信这种关联的关键最终存在于你们大多数人所知道的康德的知觉统一性里，知觉的统一性转化为世界活生生的精神。

因此就有了一种虔诚的一元论。在某种意义上，我们必定是被打入地狱而流为恶魔的天使，一种具有智力的沦落天使；这一派思想的特点是极度轻视感觉论者的那种经验主义。这派思想，总的说来，直到目前为止，还统治着牛津大学和苏格兰的各个大学。

但是这派思想现在有向修正的经验主义浪潮让步的迹象。我坦白承认，我会以见到这种最新浪潮的流行而高兴；因此——我坦白承认得越早越好——我希望我的意见能算作是这次演讲的成果之一。

经验主义和理性主义这两个术语是什么意思呢？就这两者之间意味深长的差别来说，**经验主义是指用部分解释整体的这种习惯**，**而理性主义是指用整体来解释部分的这种习惯**。这样理性主 8
义就保持和一元论在性质上相似的一些关系，因为整体性与联合性(union)相一致,而经验主义则倾向于多元论的一些见解。没有一种哲学不是一个简略的纲领,一个简略的世界画图,诸多事件之透视远景的一个缩小的鸟瞰。第一件要注意的事是:我们能够随意用来构成整个世界图景的唯一材料是由我们已经经验到的那个世界的各个部分提供的。只能应用于整体,而本来又不是由部分联想而来的概念的新形式,我们发明不了。一切哲学家因而都是从特别引起他们注意的世界的某一特点类推出他们所想象到的整个世界。这样,有神论者从手工制造获得暗示,泛神论者从生物生长获得暗示。对于某一个人来说,世界像一个思想,或者像表达一个思想的一个合乎语法的句子。对于这样一个哲学家来说,整体
9 必定在逻辑上先于所有的部分;因为没有音节要拼出来,就不会发明字母,没有话要说,也就不会发明音节。

另外一个人对于世界上诸多琐事的不相连性和相互的偶然性留有深刻的印象,就把宇宙的整体当作本来就有的这样一种不相连性,并且假定秩序可能由于本来就相互抵触的一些部分的内在摩擦而逐渐损耗,以后才出现于宇宙之间。

另外一个人把秩序只当作是一种统计现象,因此对他说来,宇宙像一个装有黑珠和白珠的硕大的摸彩袋子。我们只能根据我们经验到的摸出黑白珠子的频率来猜想这两种珠子的数量。

对于另外一个人来说,也不存在真正固有的秩序。我们选择一些对象,追寻种种关系以满足我们理智上的爱好,因而把秩序投射到世界上去的是我们。我们丢弃所有杂乱无章的部分而雕刻出
10 秩序来;公园或者石像是除去森林里无关的树木或者大理石上无关的碎石片而产生出来的。根据这种类比推理,世界就是这样设

想而成的。

某些思想家依从人类生活里得来的暗示，并且把宇宙当作本质上是实现理想的地方来对待。其他的一些人被宇宙的一些低级特点所吸引，因此他们认为，残暴的自然规律更能表现宇宙的特质。

所有的人都依据这种或那种类比推理；而且所有这些类比推
理都和宇宙的某一部分或者另一部分联系在一起。可是每一个人
往往都宣称他的一些结论是唯一合乎逻辑的结论，宣称他们的这
些结论是普遍推理的必然产物，这些结论归根结蒂或多或少总是
个人见解的偶然显现，最好就按照偶然显现来公开加以承认；因为
一个人的见解可以比另外一个人的见解要有价值些，而且我们的
一些见解通常不仅是我们最能引人入胜的贡献，而且也是对于我
们在其中起作用的世界所作的最可尊重的贡献。一位十八世纪的
作家问道：除了使得人们找出一些理由来说明他们所要想的和所
要做的事情之外，人们被赋予理性又是为了什么呢？——我想哲 11
学史大部分证实了他的话。黑格尔说，“认知的目的在于除去客观
世界的不可思议这一性质，而使我们在这客观世界里更为自由自
在。”[2] 不同的人们在世界很不相同的部分里感到他们的心智更为
自由自在。

让我在这里就这些偏爱所引起的一些奇怪的反感说几句话。这些反感非常不公平，因为怀有这些偏爱的人们都是些具有相同的主要爱好的人，因而他们中间没有一个人是另一个人所常想象的完全是怙恶不悛的魔鬼。他们对于产生他们的世界都是忠诚的；他们都不愿意糟蹋这个世界，都不愿意把这个世界当作是支离破碎，不堪设想的；他们都要使这个世界成为某种和谐而有条理的

体系，因此他们的差别，对于这种深刻的一致说来，都是第二性的。这些差别可能只是他们喜欢作不同强调的一些癖性而已。要不然，就是由于一个人比另一个人更加喜爱终极原因和安全。要不然，他们欣赏语言的能力可能不同。一个人可以喜欢适宜于用崇高而傲慢的特性来加以描写的宇宙。对于另外一个人来说，这就
12 好像是多情善感，或者是言过其实。一个人可以想要获得运用牧师词汇的权利，另一个人可以想要运用专门的或者教授式的词汇。我认识一个美国老农，他的邻居骂他是流氓，他立刻打了他的这个邻居，说道，“我不能忍受你的这个亲昵的诨名。”经验主义者的心智把部分放在整体之前。在从整体出发，因而享有说大话特权的理性主义者看来，这种心智是在使用含有敌意的亲昵诨名。但是所有这样的差别都是应当放在次要地位的小事，因为不管我们是经验主义者或者是理性主义者，我们自己都是宇宙的一些部分，而且对于宇宙的命运都有同样深切的利害关系。我们都力求对于宇宙能感到更加真正的自由自在，而且竭尽我们微小的力量来改善宇宙。若是微小的审美上的不和谐竟然会拆散诚恳的人们，那真是太惨了。

我自己就要运用经验主义的亲昵诨名。如果你们注意这些词
13 句后面的精神，我敢说你们不会发觉这种精神好似儿子谋杀亲娘。我和你们当中的任何一个理性主义者一样，是我们的共同亲娘的好儿子。

比这种误解还要使我烦恼的是我不得不谈的许多事情的真正难解之处，而且要使这些事情听了一次就能懂得，也不容易。但是任何哲学都有两件事情，康德称之为“两件东西”——哲学带给我

们的最终看法，信念或者态度，以及带给我们借以获得这种态度的论证。詹姆士·费勒尔经常告诉我们，一种哲学必定确实是真的，但这是哲学必备条件中的最小条件。一个人可以是真的——由于猜测或者由于神的启示而真——但却不是一个哲学家。一个哲学家的真在于他的这个真理是**经过推理**而获得的。使他获得真理的必定是论证，而不是假定。普通的人不知不觉地继承了一些信念，他们就是不知道这些信念是怎样继承来的。他们双脚跳进他们的信念，就立定在那儿。哲学家还要做更多的事：首先必须获得推理上的合格，才算具有信念的依据，而且对于专门从事哲学的人来
说，取得推理合格的手续通常比获得任何特殊信念本身还要重要 14
得多。例如，假设一个哲学家相信所谓自由意志，而同时还有一个普通的人也相信自由意志，不过是靠一种天生的直觉而获得这种信念的。这根本就不能使这个人得到这位哲学家的钟爱——他甚至于以为和这样的一个人为伍是可耻的。哲学家所注意的是他所相信的自由意志赖以建立起来的特殊前提，自由意志的意义，自由意志所要避免的一些反对论证，所要考虑到的困难，总而言之，和自由意志这种信念联系在一起的整个的形式、气质、方式和学术工具。住在对门的一位哲学家，如果运用相同的学术工具作出相同的区别，等等，但是得出相反的结论，因而完全否认自由意志，这位哲学家就会使得第一位哲学家深感兴趣，而第一位哲学家对那位天真的和他具有同一信念的人却不感兴趣。他们共同的学术兴趣
会把他们结合起来，而他们相反的结论却不致把他们拆散开来。15
他们每一个人都会感到对方具有的本质上的血缘关系，会想到对方，写文章**讨论**对方的思想，重视对方有益的评价。那位头脑简

单，相信自由意志的人不会被他们两个人放在心上。他的意见不会被他们认为是赞成，也不会被认为是反对。

这在一定程度上原来应当是毫无疑问的，但是像一切的专家癖性那样，却能走向滥用的极端。在人类的大多数事情里，目的毕竟高于手段，而且形式和方法都容易使这两者本身的目的遭受挫折。在哲学文献里，形而上学的问题并不是经常按问题本身的实际情况直接加以讨论的。从这种不经常性里可以看得出过分强调学术细节的弊病。形而上学的问题几乎总归是好像穿过一重羊毛帷幕——以前哲学家的意见之帐幔——来处理的。可供任意选择的各种概念都包裹在专门术语里，好像赤裸裸的真理是见不得人的。剑桥已故的约翰·格罗特(John Grote)教授关于这一点说过几句极好的话。他说，“思想不是专家的事，不是所谓哲学家或自称为思想家的人的事。最好的哲学家是能够最单纯地思考的人。
16 ……但愿人们会考虑到，思想——而哲学不过是良好而有条理的思想而已——是和人的本质十分密切的(intimate)事，是人们的真正自我的一个部分……，但愿人们考虑到，人们应重视所思考的事物，而且对于所思考的事物发生兴趣……。”他又说，“我以为学问的这种重要性有点下降了，没有什么东西能够进入人们的头脑，人们只是被灌输已有的知识，啊！这是多年以前某某人的意见。……对于学生有害的事，我能设想的莫过于使学生养成这种习惯：说到他们自己通常的哲学思想时就会自言自语，啊！以前必定有人思考过这个问题了。”[3] 可是这种习惯在我们学府里得到最大的鼓励。你必定要把你的意见局限在亚里士多德的意见或者斯宾诺莎的意见里；你必定要用你的意见和康德的意见之间的差别来解

释你的意见；你必定要把你的敌手的见解和普罗塔哥拉（Protagoras）的意见等同起来以驳斥你的敌手的见解。这样一来，思想的自发性，概念的新颖性，不是都统统毁掉了吗！你们遇到的每一件东西都是铺子里摆旧了的陈货。我们美国大学里年轻生徒的过分强调学术细节以及因此而产生的厌倦之情是骇人听闻的。这是由于过分仿效德国的模式和习惯而来。请让我热烈地希望，你们在 17
英国要回到近乎人情的英国传统。美国学生必须靠后半辈子个人的艰苦努力才能重新直接研习哲学这门学科的问题。我们有些人已经这样做了。恐怕有些年轻人永远不会这样做，学术上的行规真难改变啊！

在像哲学这样的一种学科里，不和人性的原野联系起来，而且只按行规的传统来思考，确实是致命的。做学问的方式在德国是十分专业化的，任何人只要得到一个讲座并且写过一本书，不管这本书怎样偏颇而古怪，他竟然有合法的权利，像琥珀里的一只苍蝇，永远显赫地出现在这门学科的历史里。一切后来的人们都有引用他的言论并且根据他的意见衡量他们自己意见的义务。这些就是教授式的职业规则——他们只会在思想上和写作上相互因袭，相互应求，相互吹嘘。人性的原野被排除在外了，一切真正的 18
远景也都失去，极端和乖僻就与稳健得到同样的对待，而且还博得相同的注意；因此，如果任何一个人偶然把他的心力直接集中在他的论题上，写作通俗，并且只谈结果，就会被认为是肤浅的，而且完全是不科学的。鲍尔森（Paulsen）教授近来就这种过分专业化的毛病说过几句动人的话，他自己的著作——富有“文采”，因而不合规范——在这种毛病泛滥成灾的德国，已经失去信誉。他说，哲学

长久以来在德国取得了玄秘术的性质。人们确实害怕通俗。陈述
的朴实无华被当作是空洞和肤浅的同义词。他回想起一位老教授
有一次对他说:“是啊！我们哲学家,只要我们高兴,随时都能够在
一两个句子里把我们的思想说得没有人能懂。”这位老教授以骄傲
19 的态度说了这一番话,自鸣得意,但是他应以此为羞。技巧虽然伟
大,结果却是更加伟大。教哲学教得学生对于技巧的兴趣超过对
于结果的兴趣,实在错误之至,殊非教学之道。在对于人类具有这
样普遍重要性的一门学科里,这种教学是坏的方式,决不是好的方
式。此外,就技巧而言,休谟的技巧不是终于定下了一种最难学习
的模式吗？他的楷模不是最值得钦佩的吗？英国精神,谢天谢地,
还有法国精神,由于他们厌恶拙劣的技巧和粗陋无文,都仍旧保持
较近于真理的自然面目。虚伪和怪异在英法文献里少,而在德国
文献里多。请想一想,德国的美学文献居然以依曼纽尔·康德这样
一个毫无审美能力的人物高居其中心,岂不荒唐！请想一想,讨论
宗教哲学的德文书籍居然把信仰上的搏斗用概念上的行话说了出
来,而且把这种搏斗说成是合乎辩证法的。最坚决地提出问题的,
试探反对意见的,而且坚持要得到满意解答的,是宗教生活。可是
宗教生活里的一切疑难问题几乎不需要什么专门术语就能处理。
奇怪的事是一些个别的德国人用他们研究哲学的那种方式居然保
20 持住心智的自发性。他们在十分突出的程度上仍旧显示新颖和独
创的能力,这就证明德国人智力方面的禀赋真是得天独厚了。

请让我再说一遍,一个人的见解是他的唯一了不起的事实。谁爱好卡莱尔(Carlyle)的论证,或者叔本华(Schopenhauer)的论证,或者斯宾塞的论证呢？一种哲学表示一个人发自内心的性格,

因而宇宙的一切定义只是诸多人类性格对于宇宙经过深思熟虑而采取的一些反应。我上面引用鲍尔森教授的话采自一本新书,[4]由现在德国的各种哲学家分章执笔。我们在这本书里遇到各种带有个人癖性的气氛,几乎是像在翻阅一本照片簿子。

如果我们从整个哲学史来看,所有的哲学体系可以分成几个主要的类型。人类的巧妙智能把这些类型笼罩在专门的惯用套语里。这些类型只是许多见解,只是对于生命的整个冲动的一些感觉方式和对于生命的整个流动的一些理解方式而已。这些见解都 21
是一个人的全部性格和经验,而且,总的说来,都是为他所特别喜爱的——再也没有更信实的字眼了——最好的工作态度所强加于他的。酷爱讥笑的性格采取一种共同的态度,富于同情心的性格则采取另外一种共同的态度。但是,一直要等理智发展到了有相当的概括能力,并且学会了爱好综合的定则,对于作为整体的世界才可能有一个共同的态度。原始人的思想简直没有一点哲学的气味。野蛮人认为大自然几乎没有什么统一性。大自然只是一支五朔节前夜的游行队伍,①一个光影交错、明暗无常的闪动,一群有的顽皮、有的淘气、有的友好、有的敌对的神灵。野蛮人的生活虽然“接近自然”,他们却不是华兹华斯式的诗人。② 如果一点点宇宙的情怀打动他们的心窍,这可能是在子夜,篝火熊熊,青烟袅袅,

① 五朔节前夕(Walpurgis-nacht):德国中世纪的传说,五月一日的前夕妖魔鬼怪聚集在德国的布罗镫山顶与魔王欢宴。五月一日又是八世纪在德国传教的英国修女圣·凡尔普格(St. Walpurga)的节日。——译者

② 华兹华斯(William Wordsworth,1770—1850):英国消极的浪漫主义诗人,主张回到自然,但美化农村的宗法制度。——译者

直达天顶上那不可预测的一轮明月，而丛林深处，唧唧啾啾，充满了妖魔鬼怪的声息。世界的怪诞，危害重重，品类繁多，人力的微不足道，不可思议的意外奇事，每个动因之难以究诘，这些都是在
22 那个阶段的文化里确实给人印象最深的种种性质，这些都表达了好奇心所产生的战栗和最早的理智上的兴奋。风暴和大火，瘟疫和地震，都显示出超绝人寰的威力，因而激起宗教性的恐怖，但是并不引起人们去寻求哲理。大自然，魔性多而神性少，最主要的是形形色色，种类繁多。这么多的有生之物可供食用，但也威胁人的生命，能助人，也能害人，有的可恨，但有的却可爱，不是要了解，就是要惊异——哪个是主要的，哪个居于次要的地位？谁能道来？说得正确些，它们相互配合，我们对它们每件东西设法适应以“应付”所有的危险力量并且力求其他一切力量对于我们友好，不管是否一贯，也不管是否统一，这是主要的问题。鲍尔森说得好，这个阶段的自然之象征是那个狮身人面有翼的怪物，在她专司哺育的双乳之下，能攫善撕的双爪是显然可见的。

但是经过相当的时期以后，理智醒觉了，以其热情要概括，要简化并且要找出主从关系，然后就开始有了概念上的种种分歧。一切以后的经验似乎加深而不是消灭这些分歧的概念，因为客观
23 的大自然对于分歧概念的双方作了公正不偏的贡献，而且让思想家强调大自然的不同部分，并且积累起相互对立的想象资料。

最值得注意的对立或许是从我最近称做同情的脾气和讥笑的脾气之间的冲突而来。唯物论的哲学和唯灵论的哲学是两个敌对的类型。这两个类型引起下列结果：唯物论这样解释世界以致把人的灵魂当作是留在世界上的外来过客，而唯灵论则坚持与本质

亲切而有人性的东西必定围绕残忍的兽性，而且是兽性的基础。后者是唯灵论的思维方式。

唯灵论的哲学有两个各具特点的类型或者阶段，因此这次演讲的第二个目的是要把两者的对比说明清楚。这两种类型的哲学都得到了寻求已久的对于主要本质的看法，但是一种类型的哲学获得这种看法不及另外一种类型的哲学那么成功。

唯灵论这个类名，我开始只是用来和唯物论对立，因此可以分成两个种属，和本质亲切的一个种属是一元论的，而和本质较不亲 24
切的一个种属是二元论的。二元论的这个种属是在经院哲学中经过苦心经营的**有神论**，而一元论这个种属是**泛神论**，有时就简单地叫做唯心论，而有的时候叫做“后康德的”或者“绝对的”唯心论。二元的有神论从来为一切公教学府所信奉，而近年来在我们英美的大学里逐渐消失，而被多少是公开或者伪装的一元泛神论所代替。我有这么个印象，自从格林的时代以来，绝对唯心论在牛津的地位已经毫无疑问地在上升。它在我们哈佛大学的地位也在上升。

我说过，绝对唯心论获得对于本质更亲切的观点；但是这句话需要一些解释。既然有神论把世界当作是上帝的世界，而把上帝当作是如马修·安诺德(Mattew Arnold)所说的一个深受尊崇的非自然的人，那么这就好像世界的内在性质一直是有人性的，而且 25
好像我们和世界的关系可能是够亲切的了——因为我们内心最好的也表现在我们的身外，而且我们和宇宙都属于同一个精神的种属。那么，话说到这里，也就够了；但是，人们因此会问，你还要什么更多的本质关系呢？对于这个问题的回答是：像一件东西并不

及实质上和这件东西融合在一起的关系那样亲切，不及以这个东西来形成一个连续的灵与肉那样亲切；而泛神论的唯心论在实体上把我们和上帝合而为一，这就达到更高度的亲切的本质关系了。

有神论的概念，把上帝和他的创造物说成是各有特点的实体，仍旧把人放在宇宙最深的实在之外。这种概念认为，上帝在永恒之中完备而自足；他用一个自由的行动，立即创造世界，而且把世界作为一个外在的实质，并且他立即创造了人，人作为第三个实质，对于世界和上帝都是外来的。在世界和上帝之间，上帝说“一”，世界说“二”，而人说“三”——这就是正统的有神论的看法。
26 而且正统的有神论一向注意保全上帝的光荣，竟然煞费苦心，夸大上帝这个观念中的一切可以使得上帝超越世俗，超脱人寰的东西。烦琐的哲学书籍连篇累牍地证明上帝绝不受他的创造行动的牵连，也不受他所创造的世界的纠缠。上帝和他的创造物的关系会对上帝有任何重要性，会有任何后果，或者会限定上帝的存在，这种种说法都被责斥为泛神论对于上帝的自足性的诽谤。我刚才讲过，有神论把我们和上帝当作同一种属看待，但是从正统的观点看，这是一种失言。在经院主义的神学里，上帝和他的创造物在**种属上**完全各不相同，两者绝对**没有共同之处**；不，赋予上帝以任何种属的性质都是降低他的价值；上帝不能和任何东西同属一类。因此，在某种意义上，哲学的有神论，就上帝而言，把我们当作是外来的人，并且把我们一直当作是异己分子；在某种意义里，无论如何，上帝和我们的关系看起来是单边的，而不是相互的。上帝的行
27 动能够影响我们，但是他却不受我们反应的影响。总而言之，我们和上帝的关系不是一种严格的社交关系。当然，在普通人的宗教

里，人们相信上帝和人的关系是社会交谊的关系，但是，这不过是宗教和神学之间的许多差异之一而已。

有神观的这种本质上的二元论具有各种附带的后果。人既然是一个外来的人，而且只是一个受上帝统治的人，而不是上帝的亲密伙伴，那么，一种外在性的特质就侵入到这个领域里来了。上帝不是我们情感的情感，理智的理智，而是我们的长官；因此，不管他的种种指挥怎样奇特，机械地服从他的指挥仍旧是我们唯一的精神上的义务。刑法的一些概念事实上在确定我们和上帝的关系里已经起了重大的作用。我们和思辨真理的种种关系也显示了这种相同的外在性。我们的义务之一是认识真理，因此理性主义的思想家总是假定认识真理是我们最高的义务。但是我们在经院的有神论里发现真理没有我们的帮助就已经制定建立起来；真理是完备的，和我们的认识无关；因而我们顶多只能被动地承认真理，遵
从真理，虽然我们这样的遵从真理对于所遵从的真理一点影响也 28
没有。这里又是激进的二元论了。并不像泛神论的唯心论者所主张的，部分地通过我们，世界好像终于认识了它本身，或者上帝终于认识了他自己，不管我们之中哪个人认识真理与否，由于上帝的恩惠和命令，真理本来就存在，而且绝对地存在，因而会继续存在而无变化，即使我们这些有限的认知者全都毁灭掉了。

应当公开承认的是，这种二元论和缺乏内在本质的关系对于基督教的思想总是累赘，总是障碍。正统的神学必定要在各个学派里持续反对泛神论的各种邪说。这些邪说一方面不断地来自虔诚信徒的神秘经验，另一方面是由于一元论在形式上或者美感上胜过二元论的许多优越之处。对于某些人来说，把上帝作为宇宙

的内在灵魂和理智，这个概念好像比把上帝作为外在的创造者这一概念更有价值。上帝，在这样的理解之下，看起来把世界更为完善地统一起来，他使世界更为无限，较少机械性，因此，和这样的一
29 个上帝相比，一个外在的创造者似乎更像是幼稚幻想的结果。印度教徒告诉我，在他们的国家里传布基督教的极大障碍是我们关于上帝创造世界这个教条的稚气十足。这种稚气没有横扫一切的足够威力和足够的无限性来满足甚至是印度文盲的要求。

很肯定地，在座的大多数人在这个问题上乐于赞同印度教。我们六十岁以上的人亲眼看到这个时代里理智趋向上一些逐渐的变化中的一个例子。这些变化是：由于无数的影响，使得下一代的人感到上一代的思想简直好像是一个不同人种的语言那样离奇。神学机构曾经谆谆开导我们的祖先：这种机构主张有限的世界年龄，从无中创造世界，合法的道德和末世学，[①]它爱好奖赏和惩戒，它把上帝当作一个外在的创造者，一个睿智而又公正的长官来看待；这种神学机构在我们大多数人听起来就奇怪得像是某种海外
30 的野蛮宗教。科学的进化论所打开的辽阔眼界和社会民主理想之高涨的潮流，已经改变了我们想象的方式，因此古老的帝王式的有神论已是陈旧过时，或者正在被废弃。神在世俗生活里的地位必定要更为有机化，并且还要渗入到内心深处。一个外在的创造者及其机构仍旧可以在教堂里用这些由于惰性而保留下来的信条在口头上公开加以承认，但是这些信条已经毫无生命，我们避免详细

① 末世学(eschatology)：基督教神学的一个部门。中世纪的神学家研究世界和人间的最后状态，而且以生死，复活，灵魂不灭，世间终局，最后审判，基督再临等作为讨论的问题，但新教盛兴后，多存而不论。——译者

讨论这些信条，我们的真心诚意却在别的地方。

我完全不打算讨论仇世的唯物论，因为在诸位听讲的人面前不需要研究这个问题，而且根据同一理由，我也不谈旧式的二元有神论。我们现在的心智既然已经有可能一劳永逸地掌握了一个更能体现本质的世界观，那么很值得吸引我们注意的唯一主张就会落在可以粗略地叫做泛神论视野的一般范围之内。这种见解把上帝当作存在于内心的神，而不当作外在的创造主，这种见解还把人的生命当作是那个深奥的实在之重要部分。

因为我们已经发现唯灵论一般分成和本质较为亲切和较不亲 31
切的两个种属，所以和本质较为亲切的唯灵论本身又分成两个亚种，在形式上，一种更近于一元论，而另一种更近于多元论。我说在形式上，是因为我们如果在这里不把形式和实质区别开来，我们的词汇就不易控制了。在任何唯灵论的哲学里，事物的内部生活无论如何必定要和人类本性的比较脆弱部分在实质上相类似。"本质"(intimacy)这个词可能就包括了这种本质的差别。唯物论把事物里的外在东西当作是较为首要的，较为长远的，唯物论把我们和我们的本质一起送到一个孤单的角落里。残暴凶狠，彼此重叠，相互损耗；温文尔雅对于实在的影响则微弱无力，而且为时短暂。

从实用主义的观点看，生活在一片奇异疏远之中和生活在一片亲切无间之中的差异就是惯于提防的趋向和惯于信任的趋向之间的差异。人们可以把这种差异叫做社会差异，因为我们大家的共同侣伴毕竟是伟大的宇宙，而我们都是宇宙的儿女。如果我们
是唯物论者，我们必定要怀疑这个侣伴，小心谨慎，紧张不安，提高 32

警惕。如果我们是唯灵论者，我们对于这个侣伴，就可谦让，包含，而不致诚惶诚恐有所畏惧了。

这个对比是够粗略的了。而且用异质和本质(foreignness and intimacy)以外的许多观点而得到的各种其他分法可能打破这种对比。我们和大自然打过许多交道，但是没有一次交道能向我们提供一个无所不包的理解。哲学要解释自然，使得人们的经验都包罗在内，不使任何一个人留在门外说，"我从哪里进来?"这种哲学企图事先就注定要失败。一种哲学能够希望做到的事顶多是不把任何重要的事情永远关在门外。不管这种哲学关闭的是些什么门，它必定要为它所忽略的一切重要的事情而敞开其他的一些门。我一开始就把我们自己关扣在本质和异质上，因为这样就得到了一个具有十分普遍的重要性的对比，而且还因为这个对比便于引起另一个更进一步的对比。我现在就来谈谈这个更进一步的对比。

33 大多数的人都有同情心。只有少数人喜欢讥诮而成为愤世嫉俗的人，而我们现在大多数的唯物论者之所以相信唯物论，是因为他们认为事实的证据在强迫他们相信，或者是因为他们发现他们所接触到的唯心论者都是私情太多，心肠太软；所以，他们不参加唯心论者的队伍，赶快跑到相反的一端。所以，我建议你们现在根本不要理会唯物论者，而只考虑具有同情心的唯心论者。

在我所用的同情心这个名词的意义上，我认为富有同情心是正常的。不要求和宇宙有亲切的本质关系，而且不希望这些关系使人满意，都应当认为是错误的标志。因此，具有这类思想的人们达到哲学的层次，并且寻求他们见解的某种统一的时候，他们就不得不矫正一些事物的粗野外貌，而野蛮人并不以这些外貌为苦。那个像狮身人面有翼有乳有爪的怪物的现状，那种最初的毫无隐饰的庞杂性，对于哲学的沉思是个不太相符的对象。本质和异质不能说成是简单地共存。一个分类的体系必定要建立起来；而且在这个分类体系里事物的高级的一面必定要占统治地位。绝对之 34
哲学和我在这几次演讲里要和它加以对比的多元论的哲学相一致之处是这两种哲学都把人的实质和神的实质视为同一。但是，绝对主义认为上面所说的实质只有在总体(totality)的形式里才具有充分的神性，而且实质只有在总体形式里才是它的真正的自我。而我喜欢采取的多元论的看法则愿意相信：终极说来，可能决没有一种总体形式，实在之实质可能决不会统统都聚集在一起，它的某些实质可能停留在实质所聚集的最大集合之外，因而实在的一种分布形式，即个体形式，在逻辑上与总体形式一样，是可以接受的，而且在经验上是同样可能的。这种总体形式通常被认为是十分显然自明的东西。一个实在的这两种形式之间的对比，我们都同意认为在实质上是精神的。这种对比实际上是这几次演讲的主题。你们现在明白我所说的泛神论的两个亚种属的意思了。假如我们 35
把一元论的亚种属叫做绝对之哲学，我们可以把多元论的亚种属叫做彻底的经验主义，因此我们以后就可以在适当时机用这两个名称来区别这两个亚种属了。

我们可以参考曼彻斯特学院杰克斯教授最近的一篇文章来谈谈这两种哲学的种种差别。杰克斯教授去年(约在 1908 年。——译者)十月在《赫伯特月刊》(*Hibbert Journal*)上发表了一篇才华焕发的文章，专门研究宇宙和为我们描述并且解释宇宙的哲学家

之间的关系。他说，你可以假定两种情况：一种情况是哲学家告诉我们的话对于他所说明的宇宙是没有内在关系的，可以说，是一种无关紧要的寄生的自然结果；另一种情况是哲学家所作的哲学思维这一事实本身就是他的哲学所说明的事物之一，而且本身就包括在这种描述之中。在第一种情况里，哲学家所说的宇宙包括**除了**他自己的存在所带来的**以外**的每个事物；在第二种情况里，他的哲学本身就是宇宙的一个亲切的本质部分，而且这一部分可以重
36 大得足以改变其他部分所意味的一切。他的哲学可以是宇宙对于宇宙本身所作的最高反应。他的哲学凭借这种反应便上升到自我领悟。由于这个事件，宇宙可以对其本身作不同的把握。

这样，经验主义和绝对主义都把哲学家带进了宇宙内部并且使得人和宇宙有亲切的本质关系，不过一个是多元论的，而另一个是一元论的，这两者以不同的方式达到上述相同的结果。这就需要一番解释了。请允许我把代表人类思想家地位的这两种方式对比一下。

就一元论而言，世界不是一个集合体，而是一个伟大的无所不包的事实，这个事实之外是无，无是世界唯一的另外一种可以替换的东西。如果这种一元论是唯心论的话，那么，这种包罗一切的事实是被当作一个绝对精神(mind)来描述的，这个绝对精神借着思考所有的部分事实而造出这些事实，正像我们借着梦见许多实物而在梦中造出这些实物，或者借着想象一些人物而在一个故事里造出这些人物一样。在这个系统里，**存在**(to be)，就一个有限的
37 事物而言，就成为绝对的一个对象；而就绝对而言，存在就成为那个对象集合体的思考者。如果我们在这里用“内容”这个词的话，

我们就理解到绝对和世界具有同一内容。绝对只是这些对象的认知;一切对象只不过是绝对所认知的东西罢了。这样,世界和这个无所不思考者相互渗透,相互吸收,毫无剩余。世界和这个思考者只是同一材料的两个名称,一是从主观的观点来看,一是从客观的观点来看——如果我们是德国人,我们就会说 gedanke(思想)和 gedachtes(被想到的)。在一元论的系统里,我们哲学家自然就形成这个材料的一部分。绝对借着思考我们而造出我们来,因此,如果我们自己能破除蒙蔽,足以成为相信绝对的人,人们就可以说,我们的哲学思维就是绝对能意识到它本身的诸多方式之一。这就是充分的泛神论的系统,**同一性的哲学**,上帝存在于他的创造物中的内在性。这是一个由于它极大的统一性而十分崇高的设想。可是,更仔细的研究就会表明这种统一性还是不完全的。

我说过,从实质上来考虑,绝对和世界是同一个事实。例如,我们的哲学和绝对对于绝对本身的知识在数字上没有特别的不 38
同。我们的哲学不是绝对对于它本身知识的一个摹本,而是那个知识的一部分,并且和我们的思想所能包括的知识在数字上是相等的。在认知的行动中,绝对,再加上其他一切已经被认知的事物,**就是**我们的哲学,这一认知活动(用我的天赋极高的绝对论者的同事罗伊斯的话说)整个地形成一个晶莹透明的有意识的哲学要素。

但是,在这种实质的意义上,我们和绝对的实质是一体,绝对的实质仅是我们的整体,而我们只是绝对实质的部分,可是在一种形式的意义上,这就发生了像多元论这样的东西。我们说到绝对的时候,我们是集合地或者整体地**理解**(take)这一普遍已知的材料的；我们说到绝对之对象，说到我们有限自我等等的时候，我们是个别地而且分散地理解这同一材料的。如果一个事物的存在(being)能够被理解两次，而且如果以不同的方式被理解就会使一些不同的事物都适合于这一个事物，那么这一事物只存在一次又
39 有什么用处呢？例如，当绝对认知(take)我时，我和其余一切事物一起出现在绝对之完美认知的领域里。当我认知我自己时，我出现在我的相对无知的领域里，但不和其余大多数的事物在一起。因而实际的差异是从绝对之认知和我的无知而来。无知给我带来错误、好奇、不幸、痛苦；我因这些后果而受苦。当然，绝对是知道这些事情的，因为绝对知道我和我的苦恼，但是绝对本身并不受苦。它不会是无知的，因为它对每一问题的知识就同时伴随着它对每一答案的知识。它不会是有耐心的，因为每一事物随时为它所占有，它无所等待。它不会感到惊奇；它不会是有罪的。没有一个和连续性有关的属性能够应用到绝对上去，因为绝对立刻而且整个地就是绝对的那个样子，“具有刹那的统一性”，因此，连续性不属于绝对，而是在绝对之中，因为我们不断听到说绝对是“无始无终的”。

因此，诸多事物，在世界的一些有限的方面，适合于世界，但在世界的无限能力方面，并不适合于世界。作为有限而众多，世界对
40 于它自己所作关于它自己的一些说明不同于世界作为无限而单一对于它自己所必须作的说明。

绝对的观点和相对的观点之间有这种根本的差别，在我看来，神和人之间的亲切本质关系在泛神论里发生了一个障碍，几乎和我们在帝王式的有神论里所发现的障碍同样重大，我们希望泛神

论或许不会出现这种障碍。我们人无可救药地扎根在时间的观点里。永恒之方式和我们的方式全然不同。芝加哥有名的季刊《一元论者》(“Monist”)的创刊词说,“让我们模仿大全(the All)”。好像我们在思想上或者行为上真的能够模仿大全似的！我们只是一些部分,这是无法改变的,姑且让我们随意谈谈,可是我们必定总是要把绝对理解成为好像是一个异质的存在(foreign being)。假如我说这些话的意思你们目前还不十分清楚,我的意思在以后的几次演讲里应当会逐渐清楚起来。

第二讲　一元唯心论

43 请让我复述一下我在上次演讲里向大家提到的这几次演讲的大纲。我们同意不考虑任何形式的唯物论，而直接采取较为倾向于唯灵论的立场。我指出过我们要加以选择的三种唯灵哲学。第一种是古老的二元有神论。这种哲学把我们描写成在上帝创造的诸实质中居于次要地位。我们发现这种思维方式容许与创造本原有某种程度亲切的本质性，而这种本质性又不及泛神论关于我们在实质上与创造本原是一体的那种信仰所含蕴的亲切程度。我们还发现神因此在我们一切的所有物中最为亲切，事实上是我们感情的中心。但是我们理解到这种泛神论的信念可能具有两种形式：我称做绝对之哲学的一元论形式和我称做彻底经验主义的多
44 元论形式。一元论形式的设想是：神只有在世界同时以世界的绝对总体被经验到的时候才真正存在。而彻底经验主义则认为，事物的绝对总和决不能以绝对总和的形态在实际上被经验到或者被体会到；还认为一个传布开了的、按类区分的，或者不完全统一的外貌是实在可能已经获得的唯一形式。

我可以把现在讨论的一元论的形式和多元论的形式对比成“总体形式”和“个体形式”。我在上次演讲的末了向你们提过我对于这种对比的批评：“总体形式”和“个体形式”大不相同，“个体形

式”是我们人类体验世界的形式，而绝对之哲学，就洞察和理解而言，和二元有神论一样，几乎把我们放在神之外。我相信，彻底的经验主义，相反地，主张“个体形式”，而且使得上帝不过是所有个体之中的一个个体而已。彻底的经验主义就这样有了高度亲切的本质性。我说过这几次演讲的总主题是维护多元论的见解，反对一元论的见解。如果你把宇宙当作只是以“个体形式”存在，那么，总的说来，你对宇宙的理解比你坚持非“总体形式”不可，就较为合 45
理而令人满意了。我其余的几次演讲只是要把这一主题说得更加具体，因而我希望更有说服力。

彻底的多元论从来没有得到哲学家的什么赞许，这真是怪事。不管是具有唯物或者唯心的思想，哲学家们从来都以清理世界上显然充满的一堆破烂为目的。哲学家们已经用经济而有条理的一些概念来代替第一批显明杂乱无章的事物；不管这些概念在道德上是高尚的或者只是在理智上清晰的，哲学家们无论如何在美感上总是纯洁而确定的，并且他们的目的是在内部结构方面把某种清晰和理智的东西归因于世界。我公开宣称的多元经验主义，和上述理性化的描述相比，只是提供了一种并不高明的现象。多元的经验主义是一种混乱的，糊涂的，粗鲁的事情，缺乏开阔的轮廓，也很少富于独创的崇高性。你们中习惯于把实在作正统派的解释的人，如果你们对于多元的经验主义的第一个反应是绝对的轻 46
视——你们耸耸肩头，好像这样的观念不值得明言驳斥——那么是可以原谅的。但是人们必定要长期体验一种体系才能欣赏这种体系的优点。你们如果稍微熟悉一点多元的经验主义的话，我提供的这一大纲最初对你引起的震惊或许可以减轻。

第一，我上次谈到绝对之哲学中神的本原的相对异质性。我现在还要再说两句。你们读过布拉德莱先生的名著《现象和实在》(*Appearance and Reality*)中最后两章的人会记得，他最后使得他的绝对呈现出奇异的面目，真是煞费苦心。他的绝对既不是智力，也不是意志；既不是一个自我，也不是许多自我的集体，既不真和善，也不美；通通都不是我们所理解的这些术语的含义。总而言之，他的绝对是一个形而上学的怪物，我们能说的是，不管它是什么，它无论如何比我们用来赞颂它的任何赞颂之词还要值得赞颂
47 (也就是更加值得赞扬它自己)。他的绝对就是我们以及一切其他现象，但是并不就是我们这样的人本身，因为我们在他的绝对里都已经“蜕变”了，而他的绝对本身根本是另外一回事。

斯宾诺莎是第一个伟大的绝对主义者。人们普遍承认要和他的上帝具有本质关系是不可能的事。作为无限存在而言，他的上帝与作为人的心理构造的上帝是大不相同的。人们说得对，斯宾诺莎的哲学是靠“作为本身”(quatenus)这个词建立起来的。连词、介词和副词在一切哲学里确实起了重大的作用；因而在现代的唯心论里，“作为”(as)和“作为”(qua)这些词担负起使得形而上学的统一性和现象的多样性相一致的重大作用。作为绝对的世界是单一的和完美的，而作为相对的世界则是众多而有瑕疵的，可是世界还是这个完全相同的世界——我们不把这个世界说成是许多事实，而把它说成是同一事实的许多方面。

那么，作为绝对，或者在永恒的方面(sub specie eternitatis)，或者作为无限存在本身而言(quatenus infinitus est)，这个世界拒斥我们的同情，因为这个世界无历史。绝对，就其本身而言，既不

行动，也不受苦，不爱，也不恨；它无需求，无欲望，也无抱负，无失 48
败，也无成功，无朋友，也无仇敌，无胜利，也无败北。所有这等事情，对于这个世界来说，都是相对的。我们种种有限的经验都在这个世界里，而只有其中的兴衰变化足以引起我们的关心。你告诉我绝对的方式是真的方式，并且，如爱默生(Emerson)所说，鼓励我举目注视它的风范，以及天空的情态。如果这个东西并无定义，那么你告诉我这些，又劝诫我那些，又有何用？我是有限的，无法改变，我的万种同情和这个有限世界本身以及具有一个历史的诸多事物交织在一起。“我的幸福来自大地，而它的太阳照耀着我的痛苦。”对于种类相反的任何事物，我无耳、无目、无心肠、亦无思虑，既缺乏兴趣，亦无动于衷，而且绝对本身的完美之无所增减的欢喜使我无所触动，我亦丝毫不能触动其欢喜。如果我们只是宇宙小说的读者，那么事情便会不同：我们就会分享作者的观点，并且承认故事里的坏蛋和英雄都是必不可少的人物。但是我们不是
读者，而是人世间这个大戏剧里的真正角色。在你们自己的眼睛 49
里，你们在座的每个人都是这个戏剧里的英雄，而坏蛋却是你们各位的朋友或者仇敌。绝对的读者认为这个故事是十全十美的，而我们则你争我夺，把它和其中一些具体人物的种种命运结合起来，因而把那个故事给糟蹋了。

绝对主义者所强调的学说是绝对之“无始无终”的特质。对多元论者来说，另一方面，时间仍旧是千真万确的，而且宇宙里没有任何事物伟大得，或者静止得，或者永恒得没有某种历史。但是我们每一个人在本质上感到最为自由自在的世界是各各具有其历史的诸多存在之世界，这些历史渗进我们的历史，我们对于这些存在

的盛衰能够出力相助，正如这些存在有助于我们的祸福。绝对却
不让我们得到这种称心快意；我们既不能促成它，也不能阻止它，
因为它处于历史之外。使得我们所过的生活似乎是真实而且恳切
的，这确是一种哲学的优点。多元论祛除了绝对，也就祛除了使我
们感到自由自在的唯一生活幻灭掉的伟大因素，因而抵消了实在
50 在本质上的异质性。我们感到的每个目的、原因、动机、欲望的或
者厌恶的对象，悲哀的或者欢乐的根据，都是在这个具有有限的多
样性的世界里，因为只有在那个世界里任何事物才真正发生，只有
在那个世界里事件才终于发生。

在某种意义上，这是一种牵强而幼稚的反对意见，因为有限事
物之历史的大部分对于我们说来非常的离奇，正如静止的绝对可能
同样的离奇——事实上，那个实体大部分是从有限事物之恶劣的性
质中引申出它自己的异质性的，而那个实体同时也是这种性质——
所以，根据热情而宁愿选择多元论观点的理由似乎无大价值。[1] 我在
最后一讲里还要谈这个问题，同时恕我不再谈这种反对意见了。更
加不可再谈的是因为绝对之必然的异质性由感情用事被绝对之总
体属性所取消。人们普遍认为总体这个属性就带来完美这进一步
的属性。一个近代的美国哲学家说，“哲学就是人类对于总体的把
51 握”，因而，毫无疑问，我们大多数人认为仅仅是一个绝对的太一（all-
one）这种观念就可鼓舞人心的了。爱默生写道：“我遵从这个完美
的整体”；你在哪里还能找到一个使精神更加开阔的对象？这个思
想引起一定的忠诚；即使这种忠诚并不实际存在，我们多少也得相
信这种忠诚。只有哲学的敌人才会轻率地对待它。理性主义从这
样一个整体的观念出发而推衍下去。运动和变化都被吸收到这个

整体的不变易性中而作为只是现象的种种形式。如果你接受所存在的事物（what is）这种极乐的见解与所发生的事情（what goes on）相对比，你就感到好像你尽了一项理智的义务。麦克塔克特先生告诉我们，“实在按它最真的性质并不是一个过程，而是一种稳定而无始无终的状态。”[2] 黑格尔写道，“当我们认识到，在事物存在的刹那，事物并无真实性。这就开始了对于上帝的真的认知。”[3] 黑格尔在其他地方说，“无限之目的的尽善尽美仅仅在于消除那种使得这个目的似乎还未完成的幻觉。善良的和绝对的善永恒地在这世界里完 52
成它自己；结果是善不需要焦急地侍候我们，而是……已经完成了。善是一种幻觉，我们是在这种幻觉下生活。……理念（the Idea）在它的过程中，设立一个反题和它对立而使它本身成为那个幻觉，而且它的行动就在于除去它已经创造的那个幻觉。”[4]

但是任何一种抽象的情绪上的呼吁在我们关心的事业里听起来都是浅薄的。印象派的哲学思维，正像印象派的制钟或者陆地测量，是专家所不能容忍的。所以，要严肃地讨论我们当前的另外一种理论，我就不得不多谈些专门的知识。绝对之哲学声称绝对决不是假设，而是蕴含在一切思维里的预先设想，并且只需要稍加分析就可以看到这个预先设想是逻辑的必然。所以，我要以这种更加严密的性质来讨论这个哲学问题，并且看看它的这种声称实际上是否具有这样的强制性。

这种声称对于黑格尔同时期的许多哲学家似乎有强制性。亨利·琼斯教授这样描述这种声称对于现在社会的和政治的生活所起的影响和广度[5]：“多年以来，主张这种思想方式的人们用他们的 53
著作深深地引起了英国人的兴趣。几乎比他们的著作更重要的是，具有这种主张的人差不多占据了联合王国里每个大学的哲学讲座。甚至批评唯心论的哲学家大多数都勉勉强强地算是唯心论者。而且，如果他们不是唯心论者，他们也多从事于驳斥唯心论，而不想建立一个更好的理论。他们的学术权威的地位，如果并无其他原因，就导致了唯心论对于全国青年所起的不易估量的影响。人们自然盼望这些青年，由于他们有幸获得的诸多教育机会，成为全国的思想和行动上的领袖……。这些力量虽然不易估量……，难以否认的是，边沁（Bentham）和功利学派所拥有的权力，不管是好是坏，已经转到唯心论者的手里了……。'莱茵河流进了泰晤士河！'这是霍布豪斯（Hobhouse）先生发出的警告。卡莱尔首先引
54 它进来，深入到〔伦敦的〕契尔西（Chelsea）。然后乔威特（Jowett）、格林、华莱士（William Wallace）、纳特昔勃（Nettleship）、汤恩比（Arnold Toynbee）和里奇——只提那些已经沉默的老师的名字——引导流水直达上游，到了爱昔斯河一带（Isis）。约翰（John）和爱德华·凯尔德又把它带到〔苏格兰的〕克莱德河（Clyde），赫钦逊·施特林（Hutchison Stirling）把它一直带到福斯河的支流（Firth of Forth）。水流已过茂赛河（Mersey），直抵赛芬河（Severn）以及第（Dee）顿（Don）两河。它已污染了圣安德鲁（St. Andrew）海湾，并使康河（Cam）的水上涨，而且多少已经蜿蜒过境，到了伯明翰（Birmingham）。德国唯心论的洪流已经遍布到大不列颠的学术界。灾难处处，无一幸免。"

显然地，如果权威的势力就是一切，那么绝对主义的真理就会这样地确定下来了。但是让我们首先把这种哲学的一般论证方法予以回顾。

绝对主义，就我所理解的而言，大致采用归谬法来处理多元论
和经验主义：绝对主义对多元论者说，你们争辩道：虽然事物在某
些方面是相连接的，而在另外一些方面，却是独立的，所以事物不
是一个无所不包的单独事实的组成部分。那么，你的论点在这两 55
方面都是错的。因为如果事实上你承认有一点点独立性，你就会
发现（只要你精确地思考）你得逐渐承认更多的独立性，最后你得
到的是一个绝对的混乱，或者是宇宙的所有部分之间的任何连接
都是那种已经证明是不可能的事。另一方面，如果承认任何两个
事物之间有最初阶段的最小关系，那么你只好逐渐推衍，直到你发
现一切事物都蕴含着绝对的统一性为止。

如果我们先讨论后一个归谬法，我们就可以从陆宰根据有限事物的交互作用来证明一元论里找到归谬法的一个好例子。陆宰的原话太长，难以引用，我为了简便，只释其要义。他说，假定许多各别的存在 a、b、c 等等各自独立存在：那么，在这种情形下，a 能作用于 b 么？

什么是有所作用？是不是有所影响？这种影响是从 a 脱落而 56
加之于 b 的么？如果这样，这种影响是第三个事实，因此问题不是
a 怎样有所作用，而是 a 的“影响”怎样作用于 b。或许是由于另外
一种影响？而且这个影响之链怎么最后是碰上了 b 而不是 c，如
果 b 不是已经预现于这些影响之中的话？这些影响碰上 b 的时
候，这些影响又怎样使得 b 有所反应，如果 b 和这些影响毫无共同
之处的话？这些影响为什么不直接通过 b 呢？b 里的变化是一个
反应，由于 b 有考虑到 a 的影响的那种能力，而且这又似乎证明 b
的本质（nature）不知怎么在事前适合于 a 的本质。总而言之，a 和

b并不如我们最初所假定的那样真实地是性质各别的，a和b并不是由空隙所分开的。如果是这样的话，a和b就会是相互不能渗透的，或者至少是互不相干的。它们会形成两个宇宙，各自独立生活，互不相干，互不考虑，倒很像是你所空想的宇宙毫不考虑到我所空想的宇宙。所以，它们事前必定同属，已经共同蕴含，它们
57 的本质必定有一个天生的相互参照。

陆宰自己的解答是：我们假定的众多独立的事物不可能是那样的真实，但是如果这些事物之间有相互作用的可能，这些事物就应当认为是一个单一真实的存在M的许多部分。我们开始考虑的那种多元论就不得不让位给一种一元论；这种“向外的”交互作用，本身是不可理解的，应当理解为一种内在作用。[6]

“内在作用”这几个字在这里似乎有这个意思：单一真实的存在M，a和b是M的成员，M是唯一变化的事物；M变化时，它向内变化，而且一变都变。当其中的a部分变化时，b部分也跟着变化，但是如果整个的M不变，那么上述变化也就不会发生。

在我看来，这是一个美妙的论证，但是一个纯粹语言上的论证。把你的a和b称作是各有特点的，它们就不能相互作用；把它们称作是一，它们就能相互作用。因为“各有特点的”和“独立的”这两个词，如果抽象地理解而又不加限定的话，只会使人联想起不
58 相连接。如果这就是你的a和b的唯一性质（而且这正是你用的这两个词所蕴含的唯一性质），那么当然，因为你不能从这个性质中推断出这两者的相互影响，你就没有理由认为这个影响发生在a和b之间。你那个光秃秃的词“分开的”和你那个光秃秃的词“连接的”相矛盾。“分开”似乎就排除了连接。

陆宰补救在语言上发现的这种不可能性的办法是改变第一个词。他说，如果我们不把 a 和 b 称作是独立的，而称作是“相互依存的”、“联合的”或者“一”，这些词就和可能设想的任何一种相互影响不矛盾了。如果 a 和 b 是“一”，而这个“一”变化了，a 和 b 当然必定同等地变化。它们用老名称做不到的事，现在用了新名称就做到了。

不过我问你们，把以前的“多”现在改叫作“一”是否真正使我们更好地理解相互作用的工作方式。我们现在在语言上让这个“多”作根本的改变，如果改变得了的话；我们已经除去了语言上的不可能性而代之以语言上的可能性，但是这个新名称，尽管具有这 59
种可能性，并没有告诉我们那些是“一”的诸多真实事物能够而且确实借以变化的那个实际过程。事实上，抽象的单一性（oneness）本身并不变化，也没有诸多部分——抽象的独立性本身也不起相互作用。那么，抽象的单一性不存在（exist），抽象的独立性也不存在；只有具体的真实事物存在，这就把这些具体真实事物的其他性质加到这些性质上，而构成我们称作的这些事物的总性质。把这些事物的抽象名称之任何一个名称解释得使这些事物的总性质为不可能是误用命名的功用。挽救一个名称之抽象后果的真实办法是不要贸然采用一个同样抽象的对立的名称，而是要用起修饰作用的形容词恢复某种具体性来改正第一个名称。不要像陆宰那样，把你的“独立性”绝对化，只要采取它的某一方面。只有当我们在字面上并且具体地知道构成交互作用过程的主要因素，我们才能够知道在许多明确的方面是独立的诸多存在（例如，在根源上是 60
各有特点的，在位置上是分开的，在性质上是不同的等等）能够或者不能够相互作用。

把一个名称当作是这个名称的定义没有包括在内的东西都排除在已经命名的事物之外，就是我称作的“恶性的理智主义”。我在下面的演讲里还要讨论这种理智主义，但是，我认为我们不能否认陆宰的论证受到这种理智主义的沾染。你们大可主张〔采用西格瓦特(Sigwart)的一个事例〕，如果你有一次把一个人称作“骑马的人”，你就使他永远不能用腿走路了。

请允许我在这种短期演讲里批评这些巧妙的论证。我的批评就得像这些论证一样地抽象，而且在揭露这些论证的不真实性上，这些批评本身还具有这样的一种不真实的语气，一个没有受过理智主义熏陶的人就不知道哪些批评应该指责。但是，“一不做，二不休”(le vin est versé，il faut le boire)①，在我结束之前，我就必须再引用一两个事例了。

61 如果我们是经验主义者，并且主张从部分到整体的话，我们相信许多存在(beings)首先存在(exist)，并且是依靠它们自己的存在而增长，然后才相互认知。但是主张绝对的哲学家告诉我们，不被认知的存在的这样一种独立性，如果一旦得到承认，就会拆散宇宙，无法弥补。这个论证是罗伊斯教授的证明之一：我们的唯一办法是选择一切事物的完全分裂，或者选择这些事物在绝对的太一(One)里的完全统一。

例如，俗话说，“猫也可以看看皇帝。”我们不妨采取现实主义的看法：皇帝的存在(being)独立于猫之看见皇帝。这种假定就等

---

① 谚语 Quand le vin est tiré il faut le boire。见 Larousse Du XXE Siècle，Paris，1933；又见 Le Petit Robert，所引谚语同 Larousse。——译者

于说，猫是否认识皇帝，对于皇帝说来没有什么大关系；猫也可以不看皇帝而看别的，猫甚至可以被消灭掉，而皇帝仍旧是皇帝，丝毫不变。我说，我的机灵的同事认为这种假定导致这种荒谬的实际后果：这两个存在以后决不能获得任何可能的联系，而是必定永 62
恒地留存在似乎是两个不同的世界里。因为假定接着要发生任何联系，这种联系就会是猫和皇帝以外的第三个存在。在这第三个存在能够联系猫和皇帝之前，这第三个存在必得由许多附加的联系把它本身和猫以及皇帝连接起来，如此等等以至于无穷。你们看到这个论证和陆宰论证 a 影响 b 时，a 的影响怎样起影响作用完全相同。

用罗伊斯自己的话说，如果猫不认知皇帝而皇帝能够存在的话，那么皇帝和猫"就没有共同的特色，没有联系，没有真正的关系；皇帝和猫被绝对不可逾越的深渊两两分开。他们决不能得到本质的联系，也不能有本质的共同性；他们不在相同的空间里，也不在相同的时间里，也不在相同的自然的或者精神的分类体系里(order)。"[7] 总而言之，他们形成两个不相关联的宇宙——这就是所要求的归谬法。

要摆脱这种荒谬的状态，我们因而必定要废除原有的假说。皇帝和猫并不以上述假定的方式互不注意。但是，如果不以那种方式，那么就没有方式了，因为那种方式的联系就带动诸多其他方 63
式的联系；因此，采取相反的推理路子，我们就得到绝对本身能够存在这个最小事实了。猫和皇帝是共同牵连的，他们是在两个名称里所表现的单个事实，他们缺一不可，而且他们都和组成宇宙的所有其他事实同等地共同蕴含。

罗伊斯教授的证明是这样的：谁这样承认猫对于皇帝的见证就必定承认完整的绝对。这个证明可简述如下：

第一，猫要认知皇帝，它必定要在心里认知**那个**皇帝，而且必定要个别地，特殊地多少有点置之不理，并且了解他。猫的观念，简而言之，必定超越猫自己单独存在的精神，而且总得把皇帝包括进去，因为皇帝如果全然在猫之外并且独立于猫，是猫的纯粹的“他物”(other)，那么猫的精神就和皇帝联不起来。这就使得那猫大大地不像我们最初天真地假定那样有别于皇帝的了。在猫和皇
64 帝之间必定有某种居先的连续性。罗伊斯用唯心论的观点把这种连续性解释为一种高级精神。这种高级精神拥有猫和皇帝作为客体，而拥有这两种客体也就能拥有可能存在于这两者之间的任何关系，例如上面假定的见证关系。从纯粹多元论的观点来看，这两者都不能拥有一个**联系关系**(a between)的任何部分，因为这两者，这样看来，都假定各自封闭起来；一个**联系关系**(a between)这个事实就使我们假定要有一个更高的认知者(knower)。

但是认知猫和皇帝的那个高级认知者就是认知其他一切事物的同一个认知者。因此，如果假定有任何第三个存在，比如皇后，那么就像猫认知皇帝一样，也让皇帝认知他的皇后，并且根据同一推理，也让这个第二个认知需要有一个高级的认知者作为它的必要条件。现在我们争辩的是，认知皇帝的认知的认知者必定是认知猫的认知的同一高级认知者；因为，如果你作其他的假定，你所得到的就不再是**这同一个皇帝**了。这可能看起来不是直接地明显的，但是，如果你能按照这些推理所使用的理智主义的逻辑来思考的话，我就不懂你们怎么能够不承认这一结论。独立的或者中立

的(indifferent)东西不能被关联起来，因为像“独立的”或者“中立 65
的”这些抽象的词本身并不蕴含着关系。如果这是真的，那么猫所认知的皇帝不可能是认知皇后的那个皇帝，这也是真的了，因为“猫的认知对象”这个抽象的词项和“认知皇后的那个主体”这个抽象的词项，如果只作为这两个词句本身来看待，在逻辑上是各不相同的。这样，这一个皇帝在逻辑上就分成两个皇帝，两者之间不相联系，在引进了高级认知者以后才承认这两个皇帝就是可能已经完成任何以前认知行动的同一个皇帝。这一点这个高级认知者能做到，因为他拥有所有的词项作为他自己的客体，并且能够随意处置这些词项。增加任何第四个或者第五个词项，你就得到相同的结果，等等等等，直到最后是一个拥有一切的认知者，或者称作绝对。一元论“彻头彻尾”共同蕴含的世界就这样得到驳斥不了的逻辑的证明，因而多元论看起来就都是荒谬的了。

这种推理十分新颖可喜，而从抽象的逻辑到具体的事实有这
样一条直截了当的通道，居然经不起我们的推敲，也太可惜了。要 66
用另外一种办法来强迫我们承认有限的事物都一一和它的环境割断一切关系，或者强迫我们接受完整的绝对没有环境而一切关系又都包含在绝对本身里面，这种简单化的办法也未免太喜人了。但是这种操作办法的纯语言的特质却是裸露无遗。因为有限事物的**名称**和它们的诸多关系是不相连的，但是我们不能说已经命名的许多实在需要一个扭转局面的上帝(deus ex machina)，高高在上，把它们联系起来。一切相同的事物在某一方面是不相连的，而在另一方面看**起来**却是相连的。给不相连的方面以命名并不阻止我们在以后的有修饰作用的陈述里也给共相连的方面以命名，因

为不相连和共相连的方面是经验之有限的结构里两个绝对地并列的成分。一个男孩子能够既高也矮(就小孩而言是高,就成年男子而言是矮),这当时在雅典被认为是自相矛盾的,那时人还没想到绝对,但是苏格拉底,如同陆宰或者罗伊斯一样,大有可能援引绝
67 对来解除他特有的理智主义的困难。

我们到处遇到理性主义者使用这同一种的推理。最初的整体,也就是他们的真知灼见,不仅作为事实,而且作为逻辑的必然,必定是在那儿的。这个最初的整体必定是那个能够存在的极小——或者是那儿有绝对的整体,或者是绝对地无。如果作出另外一种假定,声称这种假定是无理性的逻辑证明是,你只能用含蓄地肯定整体的词句来否定整体。如果你说诸多"部分",那么,这些部分是什么的部分?如果你把这些部分称做一个"多"("many"),"多"这个词就把这些部分统一起来了。如果你假定这些部分在任何特殊的方面都不相关联,这个"方面"就把这些部分联系起来了;如此等等。总之,你就陷入无可挽救的矛盾。你不处于这一个极端,就必定居于另一个极端。[8]"部分地这个和部分地那个",例如,部分地有理性的和部分地无理性的,把世界作这样的描述是决不能接受的。如果理性是存在于世界里的话,理性必定遍布于全世界;如果无理性存在于世界里的任何地方,无理性也必遍布于全世界。世界必定是整个地有理性的,或者整个地无理性的,纯粹的单
68 一宇宙,或者纯粹的多宇宙或者无宇宙;人们的选择,变成这样剧烈的另一种理论,就不应当还是暧昧不清的了。个别的绝对和它的诸多部分是彻底地共蕴含着,因此任何部分里就没有可以使得任何其他部分不在内部受到影响的东西。个别的绝对是唯一合乎

理性的假定。一种外在的联系会是不合理的假定，因为由于这种联系，多（many）就成为仅仅是连续的，而不是共实质的（consubstantial）。

布拉德莱先生是这种哲学的标准卫护士。有人认为这种哲学已陷入绝境，因为布拉德莱极端地不能容忍多元论，我想象读他著作的人很少能够完全同意他的哲学。他的推理处处都证明了我称做的理智主义的罪恶，因为他所用的抽象词项把这些词项的定义不能包括进去的内容都绝对地排斥在外。某些希腊的诡辩家们能够否认我们可以说的人是善良的这个判断，因为，他们说，人就指的是人，而善良就指善良，而且是这个词不能用来把这样不同的两
个意思等同起来。布拉德莱先生沉溺于同类的论证。他认为形容 69
词在理性上不能修饰实体词，因为形容词如果有别于实体词，形容词就不能和实体词结合在一起；而且如果没有分别，那么那儿只有一个事物，就没有东西好结合起来了。我们整个的多元论程序在使用主语和谓语方面基本上是无理性的。这也是我们有限的理智状态陷入绝境的例子。分裂主义者的散漫形式——我们仅有的范畴——感染而削弱了我们的理智状态，但是绝对的实在必定要把这些形式吸收到它的统一性里并且加以克服。

读过《现象与实在》的人会记得布拉德莱先生怎样受尽了陆宰和罗伊斯遇到的相同的困难——一个影响怎样影响？一个关系怎样关联？根据这些作者的理智主义哲学，两个知觉到的经验 a 和 b 之间的任何关系本身必定是第三个实体；因而，这样说来，这第三个实体，不但不能接连这一个原有的深渊，而且倒产生了两个小
小的深渊，每个小深渊都要重新接连起来。这第三个实体不但不 70

能把 a 挂搭上 b，它本身还需要一个新关系 r′来挂搭 a，还需要另一个 r″来挂搭上 b。这些新关系不过是两个新添的实体。这两个实体本身仍旧需要四个更新的关系依次挂搭起来——那么，请你看看这种令人眼花缭乱迅速异常的无限回归吧（*regressus ad infinitum*）！

无限回归既然被认为是荒谬的，那么，关系产生于关系的大中小诸词项“之间”这个观念必须放弃。外在的中项在逻辑上不能起连接作用。发生连接作用的事情必须具有更多的内在本质。这种挂搭必定是一种渗透，一种占有。这种关系必定**牵涉**到这些词项，每个词项必定牵涉到**这种关系**，因而这些词项既然就这样把它们的存在归并到这个关系里，这些词项必定就以某种方式把它们的存在相互归并起来，因为这些词项似乎在现象上仍旧是很分开的，我们决不能够确切地设想它们在内部何以又是一（one）。然而，我们必须假定绝对能以他本身不可思议的方式作出有统一作用的行动。

过去，每当哲学家由于他的体系里某个特别荒谬的论点而受
71 到攻击时，他惯于使用神的全能这个论证来避开攻击。他会回答说，“你的意思是要限制上帝的能力？你的意思是说上帝，即使愿意，也不能做这或者做那？”这种反驳一般认为可以封住一切思想正派的反对者的嘴。布拉德莱式的绝对之许多作用在这一点上和有神论者的上帝之许多作用完全相同。绝对必定“不知怎么”用他难以形容的方式把那些被认为荒谬得难以在我们居住的这个有限世界里能够认为合格的假定证明出来。第一，我们听到布拉德莱先生宣判许多事物的荒谬性；第二，他请出绝对来替这些事物担

保。请出绝对,并无其他义务,绝对必定而且应当完成上述担保的义务。

布拉德莱和罗伊斯都肯定我们看到的这个现象世界和我们假定的绝对实在的世界之间的最为奇怪的不相连续性。他们两人力求缓和这种震动的强烈性,而罗伊斯尤富于创造性的才能。但是这种强烈性依然如故,而且多数读者都有同感。任何人感到这种强烈性,就会一清二楚地看到什么才算是这种绝对哲学的奇特之 72 处。第一,有一种健全的信仰:世界必定是理性的,而且是自我一贯的。里奇先生写道,“一切科学,一切真实的知识,一切经验都以一个有一贯性的宇宙为前提。”第二,我们发现一种坚持理性主义的信念:感觉材料及其许多联念是散漫无条理的,而且只有用概念的体系代替它们的条理(order),才能发现真理。第三,所有作为代替的概念都用理智主义的观点来看待,也就是,互相排除,不相联系,因此,感觉经验流之最初的单纯的连续性,对我们来说,就被打乱,而又没有任何高级的概念上的连续性取而代之。最后,因为事物的这种支离破碎的状态是不能容忍的,绝对,这个**在百般无奈中可以扭转局面的神**,就被请出来按照他的方式纠正这种状态,因为我们用我们的方式纠正不了这种状态。

我不能用其他的办法来叙述后康德的绝对主义。我看到理智主义的批评毁坏了现象世界之直接假定的连贯性,但是这种批评又不能使它自己所用的概念连贯起来,而且我还看到乞灵于绝对 73 作为一种高级类型的连贯剂。这种情况具有戏剧性的生动性,但其内部则彻头彻尾地缺乏连贯性。因此,就产生了这个疑问:在产生这种情况的过程中是否不知不觉地有了错误。补救的办法或许

不在于修改理智主义的批评，而在于首先接纳这种批评，然后再设法依靠对于一个不可理解的动因之任意的信仰行动来消除这种批评的一些后果。可是感觉的经验之流本身或许不含有一种被忽视了的理性，这样，真正的补救办法可能是以更高的理解回到理性上来，而不要和这个理性背道而驰，甚至不要超过瓦解这种理性的理智主义的批评，竟趋向于这种假想的绝对之观点的伪理性。我自己相信这是保持世界上理性的真正办法，我相信传统的理性主义
74 总是面向错误的方向。我希望最后使你们赞同这个信念，或者无论如何尊重这个信念，但是我还有很多的话要说，以后才能谈到这一点。

我刚才使用“强烈的”这个词来描述戏剧性的情况。绝对之哲学喜欢在这种情况中建立它的阵营。我不懂任何人怎么能够不被绝对主义者作品里的那种忽然走到强烈极端的趋势所震惊。关于这种趋势，我已说过一点。宇宙必定是合乎理性的；那也好；但是，合乎理性到什么程度？又在理性这个富于颂扬但有歧义的词的什么意义上说的呢？这似乎是要提出来讨论的第二点。确定地说，合理性有各种不同的程度，对于这些程度可能要加以分辨和描述。事物可能在许多很不相同的方式上一致而连贯。但是一元论者在他的理性概念方面和关系概念方面都不能忍受多或者少的这种观念。合理性既是一而又不可分：宇宙如果不是这样不可分地合乎理性的，就必定完全是无理性的，因而细微的差别，或者混合的东
75 西，或者居于中间的事物也都得不到了。麦克塔克特先生在讨论混合物的观念时写道：“合理性和无理性这两个本原(我们就把宇宙归因于这两个本原)，就不得不是绝对地分离而独立的了。因为

如果这两个本原可以归因于任何共同的统一性，那就会是那个统一性，而不是那个统一性显示出来的这两个本原，才成为最终的解释……因而这个理论，这样就成为一元论的理论”[9]，就会再度分解成相同的另一种理论：这个单一的本原是不是彻底合乎理性的？

布拉德莱先生问，“真实事物的众多性是可能的吗？”他的回答是“不可能”。因为这种众多性会意味着许多存在不相互依靠，因而这些存在的众多性和这种独立性就会两相矛盾。因为要成为“多”就是要相关联，除非这些单元是不知不觉地放在一起加以考虑的，“多”这个词才有意义，而且不可能在一种不真实的空虚之中把它们放在一起，所以它们必定属于一个更大的实在，并且超过它们特有的自我而把它们的本质（essence）带进一个整体。这一整体具有统一性并且是一个更大的体系。[10]或是绝对的独立，或是绝对的相互依靠——这就是这些思想家所能容许的唯一可供选择的 76
另一种办法。当然，“独立性”，如果是绝对的，就会是荒谬可笑的，所以唯一可以容许的结论是，用里奇的话来说，“每个事件最终是和每个其他事件相关联，并且每个事件是由它所属的整体来决定的。”所以，彻头彻尾地是整个而完全的大块宇宙，否则根本就无宇宙！

泰勒教授习惯于非此即彼，趋于极端的思考，十分天真。他竟然攻击多元论者自己前后不一致而失却论据。多元论者说的是，按照我们日常经验的模式，一个真正松松垮垮地接连起来的宇宙是可能的。多元论者还说，由于一定的理由，这是他们宁愿选择的假说。泰勒教授认为他们自然地必定说，或者应当说的是，任何他种宇宙在逻辑上是不可能的，而且像一元论者的世界那样，互相关

联的事物之总体不是一种经过严肃思考而得出的假说。[11]同时，明
77 智的多元论者不会走向或者要走向这种理论上的极端。

如果机会被说成是宇宙的一个组成部分，绝对主义者把机会解释成骰子盒里滚出两个七和滚出两个六是同样可能的。如果说到自由意志，那就意味着今天的一个英国将军和一百年前的毛利人(Maori)酋长一样会吃掉他的俘虏。同样可能的是——我借用麦克塔克特先生的例子——大多数的伦敦人明天会活活自焚而死和他们要吃要喝同样可能，我因为梳梳头发和因为犯了杀人罪同样会被绞死，[12]等等。非决定论者找不到真实的理由来作这些不同的假定。

这种只作极端思考的习惯使我想起威尔斯先生在他精彩的著作《创建新世界》(*New Worlds for Old*)里谈到目前反对社会主义的一些意见。人类心智最普通的恶习是把一些事情都看成非是即
78 否，非黑即白的倾向，以及不能仔细辨别两个极端之间的许多细微的差别。所以，批评家们同意社会主义的某种一成不变的不能实现的定义，并且从这种定义里摘取荒谬的东西，好像魔术师从帽子里取出白兔来一样。社会主义取消财产，取消家庭，取消其余的一切。威尔斯先生继续写道，所用的方法总是相同的：它假定凡是社会主义者认为合乎需要的，就是无条件的需要的了——这里如果不用社会主义者而用多元论者，这个类似的句子仍旧能用。它想象凡是社会主义者提出的建议都要由不受约束的偏执狂病人加以执行，因而使得社会主义者的梦想可以呈现给心有疑虑的头脑简单的人——“这就是社会主义”——或者根据情况，也可改作多元论。“当然！——当然嘛！这你是不要的！”

我对于绝对之逻辑的必然性表示怀疑，对于走向另一个极端

表示怀疑的时候，我得到的回答常常是："但是，当然，当然嘛，事物之间必定有某种联系！"好像我必然是一个不受约束的偏执狂病人，疯狂地否定任何联系似的。整个问题事实上环绕着"某种"这 79
个词。彻底的经验主义和多元论都坚持某种这个观念的正当性：世界的每个部分是以某些方式相连接的，而在某些其他方式上不和世界的其他部分相连接，而且这些方式能够加以仔细区别，因为其中许多方式是明显的，而这些方式之间的许多差别也是显而易见的。绝对主义站在自己的一方面似乎主张"某些"是受到自我矛盾性有害感染的一个范畴，而且还主张内部一致，因而切合实在的仅有的两个范畴是"全"(all)和"无"(none)。

这个问题还陷入更加普遍的问题。布拉德莱先生和以后的一元论者都使我们非常熟悉这个问题。这个问题是：一个存在(being)可能与其他事物的一切关系是否都是先包括在这个存在的内在本性里，因而就进入这个存在的本质里的呢？或者是这个问题：在这些关系的某种关系方面，这个某种关系是否可以与这些关系毫不相关，而且，如果这个某种关系确实进入这些关系，是否就可以偶然地，而且似乎是由于以后想起来而进入这些关系的呢？这 80
就是这个大问题："外在"关系能否存在。这些外在关系无疑存在。例如，我的讲稿是在桌子"上"。在桌"上"的关系似乎不以任何方式蕴含或者牵涉这份讲稿的内部意思或者桌子的内部结构——这些实物只是由于实物的外表才处于这种关系之中，这种关系似乎在这些实物的各自的历史里只是临时发生的事情。此外，这种"在上"(on)在我们的感官上看起来不是那些不可理解的诸多"联系"(betweens)中的一种联系。这些联系必须和它们假托要连接的各

词项分别挂搭起来。然而，人们告诉我们，这种单纯的感觉现象从理智的观点看来是不能认为满意的。这是一串自相矛盾。只有桌子和讲稿完全吸收到一个更加绝对的实在之高级统一性里才能克服这种自相矛盾。

支持这个结论的推理太微妙，太复杂了，很难在一个公众的演讲里彻底地讨论，因此，我就不请你们考虑这个问题了。[13]我毫不
81 拘束地就此一带而过，因为我认为我刚才就绝对主义者的态度所说的粗略概要在这个演讲里是足够的了，因为我还认为我自己对于绝对之哲学的判断还“未得到证明”——请注意我只说到这里，不再深入探讨——不需要在每个特殊问题上都有论证的支持。旁敲侧击比正面攻击所花的代价要少些，而且在某些方面更为有效。你们听了我下面的演讲以后可能认为，这种对于绝对地合理性或者绝对地无理性的宇宙所作的另一解释是被迫的，牵强的。而且你们可能还认为你们有些人可以同意我的看法，宁愿接受这种解释：一个中庸之道（via media）是存在的。**某种**合理性确实是我们这个宇宙的性质；而且，权衡轻重，我们可以认为出现了的不完全的种种理论，总的说来，和一元论者所坚持的那种彻底的合理性都是同样可以接受的。

自从黑格尔以来的所有上述力求把绝对哲学加以系统化的作家大部分都受到黑格尔的启发。即使他们认为他的正反合的辩证法毫无用处，他们都从他的权威性的和征服性的语气里得到信心和勇气。我在这次演讲里没有谈到黑格尔，所以我在下次演讲里要补叙一番。

第三讲 黑格尔和他的方法

黑格尔这位稀奇而又伟大的天才直接或者间接地加强了思想 85
界唯心论的泛神论，他的成就比其他一切影响的总和还要大。我
必定要先稍微谈谈他这个人，才能对于绝对所作论证之说服力得
出我的最后结论。一个哲学家的见解和他用来证明他的见解的技
术是两件不同的事。这个事实在黑格尔的哲学里是再也明显不过
的了。在黑格尔的哲学里，他用他的见解来解释宇宙万物。在他
看来，理性把一切事物都处在变化之中，并且把无理性作为它自己
的一个“要素”来解释一切出现在表面上的无理性。这种见解在黑
格尔的哲学里十分强烈，而且他以这种见解发表意见所用的权威
语气显得很有分量，他给人们的印象竟然从未忘却。他的生徒的
眼光一旦扩大到这位哲学大师的尺度，就不能收缩到任何较小的
境界。黑格尔用来证明他的见解的技术就是所谓辩证的方法，但 86
是在这一点上，他的运气并不美妙。晚近的生徒几乎都感到具体
应用辩证的方法不能令人满意。许多人完全放弃了这些特殊的用
处，只是把它们当作一种临时应付的手段，象征着有一天或许有付
诸实施的可能，但是目前却没有严密的说服力或者价值。可是，也
就是这些生徒把这个见解本身当作是决不会过时的启示。这种情
况很奇怪，值得我们研究。

更奇怪的是，虽然这些生徒通常愿意接受批评家批评辩证方法的任何一个特殊事例，可是坚决地认为辩证方法在某些形式里是获得真理的秘诀。那么，辩证方法是什么呢？它本身一部分是黑格尔的真知灼见或者直觉，还有一部分与经验主义和常识的见解几乎完全一致。如果把黑格尔主要地当作一个善于推理的人，
87 那对他就很不公平了。他实际上是一个天真的观察敏锐的人，只是被他倔强地喜欢使用学术上和逻辑上的行话所纠缠。他置身于事物的经验之流里，并且对于所发生的变化都留有印象。他的心智真正是**印象派的**心智；而且只要你注意他生气勃勃的思想中心，你就很容易捉住他的思想的意向，并且很容易理解他的思想。

只要你捉住一个作家的见解的中心，你就容易懂得他了。黑格尔的强烈语句来自他的见解的中心。这些语句只有路德堪与比拟。他根据上帝是具有一切属性的**完美体**的存在这个概念在本体论上证明上帝的存在(existence)时，他说："如果上帝这个观念(Notion)，精神(mind)的唯一中心，或者简要地说，我们称做上帝的这个具体的总体，不是丰富得足以包括像存在(Being)这样一个贫乏的范畴，这个最贫乏最抽象的观念的话，那才奇怪呢——因为再没有比存在更无意义的东西了。"但是，如果黑格尔的中心思想
88 是容易抓住的话，他可怕的语言习惯使得他的思想中心在具体事物上的应用却异常难懂。他造句杂乱，用词无方，时而严格，时而粗疏；他的词语可憎，例如，把一件事物的完成叫做这件事物的"否定"；他故意不让人知道他是在谈论逻辑，还是在谈论物理学，或者心理学，他蓄意采取的整个方针是暧昧与含糊，总而言之：所有这一切使得现在谈他的著作的人们急得拼命要扯自己的——或者黑

格尔的——头发。像拜伦的海盗[①]，黑格尔给后世留名，这个名望却和“一种德行以及千桩罪恶牵连在一起”。

这种德行就是他的见解，它可以分成两个部分。第一部分是，理性是无所不包的，第二部分是，事物是“辩证的”。请让我谈一谈黑格尔的见解的第二个部分。

任何一个质朴的人心地单纯地置身于事物之流里，他所得到的印象是事物是不平衡的。我们有限的经验所得到的任何平衡都不过是暂时的。马丁尼格火山[②]震撼了我们和自然界之间华兹华斯式的平衡。道德的、心理的或者身体的意外事件破坏了人们在 89
家庭生活里和公民以及职业关系里所达到的那些逐渐建立起来的平衡。理智上的暧昧挫折了我们的科学体系，而且宇宙最终的残酷打乱了我们的宗教态度和宗教前景。宇宙不承认已经得到的善之特殊体系的价值是神圣不可侵犯的。这个价值一会儿垮了台，一会儿转了向，只是满足历史的大体系里贪婪的毁灭欲望。这个价值在历史的大体系里是一个暂时的转运码头，过渡的踏脚石，变动不居。每个事物的后面紧跟着它的否定，它的命运，它的毁灭，这种向着替代现在的未来作永远的推动，就是黑格尔直觉到的每一个经验上的和有限的事物在本质上的暂时性，因而又是逻辑上的非实在性。你不妨试一试：抓住任何一个具体的有限事物不放。你抓不住，因为你抓住不放的这个事物原来就不是具体的，它只是

① 英国诗人拜伦(George Gordon Byron，1788—1824)于1814年发表的英雄双行诗，叙述海盗孔拉德(Conrad)做了许多坏事，但有一定的骑士气概，算是美德。——译者

② 在拉丁美洲的西印度群岛。——译者

你从经验的实在之其余部分里制造出来的一个任意的抽提或者抽象出来的东西。其余的诸多事物侵袭你和这个抽象出来的东西，
90 并且把你和这个东西都一起浸没，而击败你轻率的企图。世界的任何一种部分的看法把这个部分从它的诸多关系里撕扯开来，丢掉这个部分的某些真实性。这种部分的看法并不符合世界的实情，而是篡改了世界的实情。任何事物的完全的实情不仅是这个事物本身，还包括这个事物以外的东西。少于每个事物的整体，总归不是任何事物的实情。

经过这一番简短而粗略的说明，黑格尔不仅是无害的，而且是精确的。事物之中有一个辩证的运动，如果你喜欢用这个术语的话。这个运动是由具体生活的整个构造订定的；但是这个运动用事物的多元论的见解比黑格尔最后所用的一元论的见解来加以描述和说明要更加自然得多。多元论的经验主义知道，每个事物都存在于一个环境（一个由其他事物环绕的世界）之中，如果你让它在那里起作用，它不可避免地会与邻近的事物发生摩擦，造成对立。除非这个事物能放弃它原来所肯定的某些部分来满足它邻近
91 的事物，否则它的对手和敌人就要把它毁灭掉。

但是，黑格尔用一种非经验主义的眼光来理解我们所生活的世界之不可否认的特征。他幻想，只要让这个事物的**精神上的理念**单独在你的思想里起作用，就一定会有相同的后果。跟着这个理念而来的一些对立的理念就会把它否定掉，而且这个理念只有在和其他理念达到某种协调才能存在下去。这种协调就是每个事物和它的否定之所谓“高级综合”的实例；而黑格尔的创造性就在于把这个过程从知觉的领域转移到概念的领域，并且把这个过程

当作是调解每种生活(逻辑的、生理的或者心理的生活)的普遍方法。黑格尔不曾把感性事实本身,而是把处理这些事实的概念方法指明为使得存在可以维持下去的唯一办法。在他看来,概念不是以前的逻辑学家所假定的那种静止的、独立的事物,而是有发育能力的、并且通过他所说的它们的内在辩证法超过它们本身而相互转化的事物。他认为这些事物相互忽视,它们实际上相互排斥, 92
相互否定,因此就在一定程度上相互吸收。所以,按照他的哲学,辩证逻辑必定要代替自亚里士多德以来整个欧洲所赖以长成的“同一性的逻辑”。

对于概念的这种看法是黑格尔具有革命性的成就;但是他表达这个看法的一切方式都是故意含糊而且暧昧的,人们竟然不知道黑格尔真正用来思考的是概念本身,还是所想象的感性经验和原素。唯一可以确定的事是,不管你说他的方法是什么,总有人指责你误解了它。我不敢说我懂得它,我只能按照我所得到的印象来讨论它。

根据我的印象来讨论它,我认为黑格尔把他的方法称做逻辑,实在是憾事。由于他既死抱住一个真正活生生的世界的见解不放,而又对于理智主义加以割裂的世界图像深表不满,他竟然采用理智主义先已使用的这个术语,实在可怜。但是他坚持古老的理 93
性主义者轻视感官直接感知的世界和它一切丑陋的特殊事物的态度,而且决不容忍哲学的这种形式可能只是经验的形式这种观念。他自己的体系必定是永恒理性的成果,所以,带有强制必然性意味的“逻辑”这个词,是他所能找到的唯一自然的词。所以,他声称使用先验的方法,并且用古代逻辑的术语——命题、否定、反映、全称、特殊、个别等等贫乏的东西来作哲学的思维。但是他真正用来

思考的是他自己经验上的诸种知觉能力，这些能力大大地充满着他使用这些贫乏得可怜的逻辑范畴的每个例子里。

他运用否定这个范畴是他最有创造性的一着。正统的意见认为，你只能从同一个概念到同一个概念在概念的范围里作逻辑的推演。黑格尔深深感到概念思维的这个定律毫无效果；他看到否
94 定也以某一方式把事物关联起来；因此他有一个十分杰出的想法，把从不同概念推演到不同概念也当作似乎是思维的必然，从而超越普通逻辑。他写道，“所谓同一性原则应该被每个人的意识所接受。但是这样一个定律所要求的语言，‘行星是行星，磁力是磁力，精神是精神’，可以说得上是愚蠢的。心智决不按照这个定律来讲话、思考或者形成概念，也没有任何一种存在遵守这个定律。我们决不应当把同一性当作是抽象的同一性，而排除一切差异。这就是把一切坏的哲学和那种称得起哲学这个名称的哲学区别开来的标准。如果思维只是把许多抽象的同一体登记下来的话，那么思维就会是一种最为肤浅的行动。事物和概念只是在它们包含各自的区别性的同时才和它们自己是同一的。”[1]

95 黑格尔在这里所指的区别性自然首先是对于其他一切事物或者概念的区别性。但是这种区别性在他手里很快发展成为事物或者概念的矛盾，而且最后反映到矛盾本身，成为自我矛盾；因此一切有限的概念之内在的自我矛盾性从此就成为推动世界的逻辑推动力了。[2] 凯尔德博士[3] 在阐述黑格尔哲学时说，“把一个事物从它的诸多关系里孤立出来，并且设法用这个事物本身来肯定这个事物：你就发现这个事物已经否定了它自身以及它的诸多关系。这个事物自身是无。”或者，引用黑格尔自己的话，“当我们假定一个

存在物A和另一个存在物B时，B最初就被解释成是他物。但是A也正是B的他物。A和B在同一方式下都是些他物……。‘他物’就是它本身的这个他物，所以是每个他物的他物，因而是他物本身的他物，是根本和他物本身大不一样的事物，是自我否定者，是自我改造者”，等等。[4] 黑格尔在其他地方写道，“有限事物，蕴含着不同于它现在的存在(what it is)，被迫抛弃它自己直接的或者自然的存在(being)，并且忽然成为它的对立面……。辩证法是普遍而且不可抗拒的力量。在辩证法前面，事物变动不居……。
Summum jus，summa injuria(至公正即至不公正)——抽象的正 96
义，驱使过分，就是不公正的行为……。极端的无政府状态导致极端的专制，极端的专制也导致极端的无政府状态。骄傲在前，失败相随。聪明反被聪明误。欢乐带来眼泪，忧郁带来冷笑”。[5] 此外，还可加上一句：大多数的人类机构，最后用纯粹技术的和专业的方式加以管理，结果是变成了实现这些机构的创业者所怀想的目的的障碍。

一旦你掌握了这种思维结构的诀窍，如果你能够摆脱这种结构，就算是幸运的了。这就是你所能见到的一切。假设一个人郑重宣布一件事，而你的感到其中含有矛盾的感觉已成为一种习惯，这种习惯在那些以固定不变的姿态把其中所含有的命题的提出、否定和最后的复原加以象征化的人们那里几乎是一种动作习惯。如果你说“二”或者“多”，你的话就不知不觉地暴露了你自己，因为这个名称本身就把“二”和“多”合而为一。如果你表示怀疑，那么
你的表示和表示的内容相矛盾，因为怀疑本身是不被怀疑，而是被 97
肯定的。如果你说“混乱”，除了一种不好的秩序之外，混乱又是什

么呢？如果你说“不决定”，你正是决定了“不决定”。如果你说“不过是发生了意料之外的事”，这个意料之外的事却成为你意料之中的事。如果你说“一切事物都是相对的”，这一切事物本身对于什么是相对的呢？如果你说“尽在于此”，这就意味着一个不止于此的范围，你已经说得不止于此了；知道一个界限本身，因此就已经超过了这个界限；如此等等，这些例子要举多少就有多少。

因此，你所断定的任何事物看起来都是片面的，并且否定了它的他物；这个他物也相等地是片面的，也就否定了你所断定的这个事物；而且，因为这个情况一直是不稳定的，根据黑格尔的哲学，这两个相互矛盾的词项共同产生一个较高的真理，这两个词项看起来是这个较高真理不可缺少的成分，是思维中那个较高概念或者情况的两个相互中介的方面。

每个较高的总体(total)，不管是怎样地暂时的而且相对的，就
98 这样调和了一切矛盾，这个总体的各个部分，从总体里抽象出来，就含蕴地证明了含有一切矛盾。你记得理性主义是我所称做在方法上把部分从属于整体的那种思考方式，所以黑格尔在这里是彻头彻尾的理性主义者。对他说来，一切矛盾借以得到调和的唯一整体是诸多整体的绝对整体，也就是包括一切的理性，黑格尔把这个理性叫做绝对理念(Idea)，但是我仍旧依照我上面所用的名称纯粹而简单地继续把它叫做“绝对”。

许多高级的统一体调和矛盾的方法在经验的事例里为数无穷，所以在这一点上黑格尔的见解，只就我所得到的印象而言，和无数的事实是相符的。生命总是从它的全部资源里立即找到了同时满足许多对立面的方法。这正是我们的文明所呈现的相反相成

的方面。我们用武装来保障和平，我们用法律和制度来保障自由；简朴和自然是人为的教养和训练之圆满的结果；健康、力量和财富
只有从过度的使用、花费和消耗中才能增加。我们最大的不信任 99
才产生我们商业上的信贷制度；我们容忍无政府主义的和革命的言论才是减少这些危险的唯一办法；我们的慈善事业不施惠于乞丐才能完成这个事业想要达到的目的；真正的享乐主义者须要极大的节制；通过极端的怀疑，才能导向确实；节操不意味着无知，而意味着知道罪恶，而且克服罪恶；服从自然，我们才能征服自然，等等等等。伦理的生活和宗教的生活充满了这样一些在不断变化中的矛盾。你恨你的敌人吗？——算了，原谅他吧！以德报怨才能使他知道悔恨自己的不是；要实现你自己，你就要否定你自己；要拯救你的灵魂，你首先要失掉你的灵魂；总而言之，为生而死。

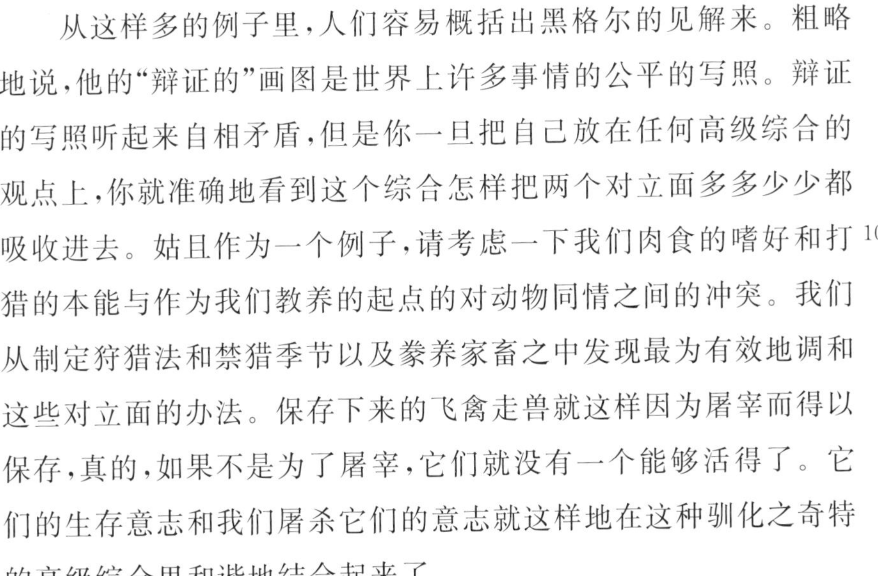

从这样多的例子里，人们容易概括出黑格尔的见解来。粗略地说，他的"辩证的"画图是世界上许多事情的公平的写照。辩证的写照听起来自相矛盾，但是你一旦把自己放在任何高级综合的观点上，你就准确地看到这个综合怎样把两个对立面多多少少都
吸收进去。姑且作为一个例子，请考虑一下我们肉食的嗜好和打 100
猎的本能与作为我们教养的起点的对动物同情之间的冲突。我们从制定狩猎法和禁猎季节以及豢养家畜之中发现最为有效地调和这些对立面的办法。保存下来的飞禽走兽就这样因为屠宰而得以保存，真的，如果不是为了屠宰，它们就没有一个能够活得了。它们的生存意志和我们屠杀它们的意志就这样地在这种驯化之奇特的高级综合里和谐地结合起来了。

仅仅作为一个报道实际情况里某些经验方面的人，黑格尔是

伟大的，而且是诚恳的。但是他的目的还不止于做一个报道事实
的人，所以我必须说一说他的思想的本质方面。黑格尔被一个真
理的这种观念所控制：一个真理应当是没有争论余地的，人人都应
当遵守的，而且是确实的；这一个真理就应当是唯一的真理，独一
无二，不可分割，永恒的、客观的，而且是必然的，我们一切特殊的
思考都要导向这个唯一的真理，达到这个真理的极致。这是哲学
里一切理性主义者独断的理想，也就是未曾受到批判的，未曾受到
101 怀疑的，而且未曾受到诘难的公准。近来一位牛津的作家说，“我
从来没有怀疑过”，真理是普遍的，单一的，永恒的，是一个单一的
内容或者意义，单一，完整，而又完全。[6] 总而言之，在黑格尔的宇
宙里，思维的前进必定要用必定是这个不可争辩的词，不用可以是
这个假设性的劣等的词来进行，而可以是这个词是经验主义者所
能使用的词。

黑格尔认为在概念领域里有“辩证的”否定这一种内在运动。
他发现他的这个观念反而给理性主义在真理上要求绝对和坚定的
东西帮了大忙。怎样对于理性主义有利呢？这是容易看得出来
的。如果你肯定一件事，例如，A 是，而你就到此为止，并且让任何
人接下去说，“非 A，但 B 是”。他如果这样说了，你的陈述并没有
驳斥他，你的陈述只是和他矛盾而已，正好像他的陈述和你矛盾一
样。要使得你关于 A 的肯定能够自我保存的唯一办法是把这个
肯定放在一个预先含蕴着就会否定一切可能的否定里。只是没有
102 否定还是不够的；必须要有否定，但要免除否定的流弊。你断定是
A 的东西必须用事先加以否定的办法就预先消除另外一种可能或
者使得这另一可能并无流弊。双重否定是肯定的唯一形式，这种

形式却被独断的理想充分利用。简单而天真地肯定陈述对于经验主义者是够好的了，但是不适合理性主义者的用途，它容易遭受一切偶然的反驳，并且遇到一切的怀疑。最后的真理必定是没有可能想象得出的其他可能，因为最后的真理已经把它的一切其他可能都当作已经注意到而且克服了的要素而包括进去了。凡是把它自己的其他可能作为它自己的要素而包括起来的，用一句常说的话来说，就是用绝对否定的方法造成的“它自己的他物”。

真理是一个整体。这个整体的结构可以说是满足了它自己的任务到了极点，因此，现在已到了极点，此外就没有了。在形式上，真理的这种结构达到了理性主义的期望。那种独一无二的整体把 103
它的一切部分都包括在里面；若是任何一个部分被抽象出来并且单独处理，这些部分就相互否定，相互排除，并且使得它们相互成为不可能的；但是，这一切部分的整体如果作为整体而加以处理，这些部分就相互依存，相互制约，各得其所。这种独一无二的整体就是所要寻求的真正理想。这就是别无其他可能的唯一真理的那种观念的图像；没有东西能加上去，也没有东西能抽下来，而且一切偏离这个真理的东西都是荒谬的；这个真理就这样控制人类的想象能力。这个图像十分成功地解决了人类从来没有解决的问题。我们一旦了解这个图像的特点，证明诸多判断之必要的古老方法就不再使我们满意了。我们认为黑格尔的方法必定是唯一正确的方法。真必定在本质上是自我反映而又独立的循环；真靠着包括它自己的他物，并且否定这个他物而保持它自己；真形成一个球面的体系，没有松散的末端吊在外面而让异质性附着；在这个体系上真永远是团团围绕，封闭无端，不像那种简单聚合性或者积累

104 性形式的宇宙用直线围着，两头分开。那种宇宙是黑格尔称做的恶劣的无限世界。只从简单地假定一个个的单一部分和原素开始的经验主义只能得到那种宇宙。

没有人能够否认这种黑格尔式构思的崇高性。如果哲学里有庄严的风格这么一回事的话，这种构思确有庄严的风格。然而，对我们说来，这仍旧是一个仅是形式上的和图像上的构思，因为黑格尔的门徒几乎都不满意黑格尔所要实际拟订出来的绝对真理之实际内容，因此我根本不打算谈黑格尔哲学较为具体的部分。目前主要的事情是掌握概括化了的见解，并且探索采用双重否定而获得自我保持的陈述之抽象图像的权力。不利用黑格尔自己的技术的绝对主义者才是真正地用黑格尔的方法作哲学的思考。你们记得我在第二讲里曾经采用对于绝对所作的许多证明作为实例。陆
105 宰和罗伊斯用**归谬法**所作的证明：许多事物之间轻率加以假定的任何最小联系会在逻辑上弄成绝对结合，而且任何最小的不联系会在逻辑上弄成绝对的不结合，——这些真正都是以黑格尔的范型为依据而得来的论证。真理是在你要否定它的企图中你却含蓄地肯定了它；真理就是真理的每一变异借证明自我矛盾而证明变异本身之谬误。这就是理性主义的最高洞察，而且今天理性主义论证法之最好的许多“**必定是**”只是想把这个洞察传达给听众的许多企图罢了。

这样，你们就可以明白我上次演讲和这次演讲又联系起来了，因而我们能够认为黑格尔和其他一切绝对主义者会支持这个相同的体系。我要讨论的第二点是我称之为恶性的理智主义的那种理论在这个了不起的体系之结构里所起的作用。

一般的理性主义认为，理性主义脱离感觉，转向概念，概念明显地提供更为普遍而不变的图景，因而理性主义得到了真理的完满性。我已经明确指出在恶劣意义之下的理智主义是采用这种假定的一个习惯：一个概念把不在这个概念的定义之内的一切事物 106
都排除在用理智主义的方法所设想的任何实在之外。我认为这样的理智主义是不合理的。我发现陆宰、罗伊斯和布拉德等用这种理智主义来证明绝对（所以我主张这种绝对没有被他们的论证所证实），因此，我就肯定我自己的信念：一个多元的而又不完全整合的宇宙，只有自由地使用“某些”这个字样才能描述的宇宙，才是合理的假设。

黑格尔在建立他的双重否定法的方面，给理智主义的这种缺点提供了最为鲜明的可能的例子。一个有限事物的每个观念当然是那个事物的一个概念，而不是任何其他事物的一个概念。但是黑格尔把这种不是任何其他事物的一个概念当作好像是和不存在的任何其他事物的概念相等来处理，或者换句话说，好像当作其他每个事物的否认或者否定来处理。那么，一切其他事物就这样含蕴地被最初所设想的那个事物所否定，并且按照这个相同的法则还否定那个最初所设想的事物，辩证法的脉搏就开始跳动了，而著名的正反合就开始刻画出宇宙来了。如果任何人发现这里的过程 107
是一个有启发性的过程，他就必定是受了这个启发的骗了，他必定会一直是一个泰然自若的黑格尔派。其他的人们感到这位大师推断事物的方法是不可忍受地含糊、累赘，而且肆无忌惮，而这位黑格尔派大约会把这个缺点说成是习惯上伴随深奥一起出现的“困难”，因为神的启示都是难以解释的。一种文体十分违背人与人之

间健全的思想交流之首要规则，居然自负为推理的真正根本的语
言，而且比其他文体更加精确地符合绝对本身的思考方式。在我
看来，这似乎是有点荒唐而且可笑。所以，我并不认真地重视黑格
尔的技术方法。我认为他是那些没有学会表达自己思想的无数具
有独创见解的幻想家之一。在我看来，他那种可能具有强制性的
逻辑并算不了什么；但是这样说丝毫没有攻击他关于绝对的构思
108 在哲学上的重要性，如果我们只是假设把这种构思当作是宇宙见
解的伟大类型之一的话。

在这种假设之下，我想简要地讨论他关于绝对的构思。但是，
首先我要请你们注意黑格尔方法上的奇异特性。在第七讲里我还
要谈到这个特性以供我们最后的评判，所以我目前只是顺便说一
说。你们记得黑格尔认为经验之直接的有限资据都是“不真的”，
因为这些资据不是它们自己的他物。这些资据被对于它们是外在
的事物所否定。绝对是真的，因为绝对，而且只有绝对，才没有外
在的环境，而且已经得到成为它自己的他物。（这些话听起来够奇
怪的，但是你们凡是读过黑格尔原著的人就会懂得这些话。）姑且
承认他的前提：一个事物要是真的，必定多多少少是它自己的他
物，那么，每一事物的关键都在于黑格尔的主张是否正确：有限经
验的几个片段本身无论如何不能说是*它们*自己的他物。这些片
109 段，从概念上或者从理智主义的观点上来看，当然不会是它们自己
的他物。每一个抽象概念本身排除它所不包括的东西，而且，如果
这样的概念可以充分代替实在之具体的脉动，这些脉动必定要符
合理智主义的逻辑，而且没有一个脉动在任何意义之下能够说是
它自己的他物。可是，如果实在之流在概念上的论述竟然由于任

何适当的理由证明是不充分的，而且证明是具有一种实际的价值而不是理论的或者思辨的价值，那么，就实在之脉动的组织作一个独立的经验的调查可能指示出有些脉动是它们自己的他物，而且在黑格尔主张绝对是它自己的他物这同一个意思里，这些脉动是它们自己的他物。在第六讲里我们讨论柏格森教授的时候，我要用柏格森的权威加强我的主题来为这个见解辩护。我现在在这一点上不想多说，而且我刚才所说的不过是指明我们现在的论点在这几次演讲的总安排里所占的地位罢了。

最后让我们再来谈谈这个有关事实的大问题。绝对存在(ex-
ist)，还是不存在？我们上面的讨论都是为了解决这个问题所做的 110
准备工作。我可以总结一下上面的讨论：是否真实地有一个绝对呢？没有人怀疑它或者否认它而使得他自己荒谬绝伦或者自相矛盾。关于自相矛盾这一点的许多责难不是来自纯粹语言的推理，而是来自恶性的理智主义。我不想重复我的一些批评。我只请你们改变“审判的地点”以避免干扰，并且把绝对当作只是一个公开的假设来讨论。作为一种假设，绝对是更为可能的，还是更为不大可能的呢？

但是，首先我要顺便请你们把绝对这个观念和一不小心就容易纠缠起来的另外一个对象的观念仔细分辨开来。这另外一个对象就是普通人的宗教里的“上帝”，以及正统的基督教神学里的创造主——上帝。只有彻底的一元论者或者泛神论者才相信绝对。我们大家所信仰的基督教的上帝只是一个多元体系里的一个成
员。上帝和我们互为外在，正像魔鬼、圣者和天使既外在于上帝， 111
也外在于我们一样。我很难想象任何事物会比，比如说，大卫的上

帝或者以赛亚的上帝更不同于绝对。[①] 那个上帝是宇宙里一个本质上有限的存在，宇宙并不存在于上帝之中，而且的确他在宇宙里有一个定居之所，对于这个世界上的人具有非常片面的热爱。如果绝对竟然可以证明并不存在，那么，丝毫也得不出这个结论：像大卫、以赛亚或者耶稣的上帝可能不存在，或者可能不是我们要承认的宇宙里最重要的存在(existence)。因此，我请你们在听我下面所作的批评的时候，不要把这两个观念混淆起来。我坚信有限的上帝，在第七讲里我要谈到我为什么要采取这种信仰的理由；但是我主张上帝的对手或者竞争者——我感到我几乎想说他的敌人——绝对，不仅不是逻辑强加于我们的，而且我认为绝对是一个不大可能的假设。

主张绝对的最大理由是：假设了绝对，我们使得世界看起来更
112 加是合理的。使得世界看起来更加是合理的任何假设比使得世界看起来是不合理的假说总是会被人们认为是更加可能是真的。人类天生宁愿有一个合理的世界来信仰和生活于其中。但是合理性至少有四个方面：理智的，美感的，道德的和实用的，而要找到一个世界**在这四个方面同时**都达到最高程度的合理性是很难的事。在理智上，机械唯物论的世界是最合理的，因为我们把这个世界里的事件都加以数学的计算。但是，因为算术是丑陋的，所以机械的世

① 大卫(David)于公元前十一世纪至公元前十世纪统一犹太各部落，建立以色列王国，定都耶路撒冷。以赛亚(Isaiah)系公元前八世纪时希伯来先知。耶稣(Jesus)是基督教所信奉的救世主，称为基督(Christ)。据《新约全书》，他是上帝的儿子，为救赎人类，降世成人，被钉死在十字架上，死后复活升天。他生在公元一世纪初期。——译者

界也是丑陋的，而且是非道德的。在道德上，有神论的世界是够合理的了，却充满了理智上的挫折。注重实际事务的世界，对于政客、军人，或者具有经商才能而最后获利的人却是十分合理的，他们绝不至于想要改变这种世界的类型，然而这种世界对于偏向道德的和艺术的气质的人是不合理的；因此，我们发觉根据一种哲学假设对于合理性的不管什么需求感到满足，我们就容易发觉根据同一种哲学假设对于合理性的某一其他需求感到不满。我们从一种假设里得到合理性，在另一种假设里就会失去这种合理性；因 113
此，问题初看起来好像总归成为这个问题：获得一个能够产生合理性最大**平衡**的构思，而不是获得一个能够产生各种完美的合理性的构思。一般说来，我们可以说，如果一个人对于世界的概念使他随便作出任何安乐的行动，或者使得他随便运用他所喜欢运用的才能，他就因此认为他的世界是合理的，不管这种才能是计算、角斗、演讲、分类、安排计划表册、买卖成功、耐心等待和忍受到底、说教，还是开玩笑等等的才能。虽然绝对的定义是客观上完美的合理性之具体表现，那些最具体而又认真地赞成这个假设的人们通常已经在他们自己的思想里承认这个假设里某些原素的无理性。这样说对于主张绝对的一些英国人是公平的。

这种绝对的观念使我们感到宇宙是合理的，使得我们能有这种感觉的最大理由可能是肯定了：表面上无论是怎样的动乱，实质 114
上一切都是和宇宙和谐的——主要的安宁存在于不断的动乱之中。这种概念在许多方面是合理的，在美感上好极了，在理智上好极了（如果我们能够详细探讨下去的话），而且，假如欣赏事事都有保障能够算是道德的话，在道德上也好极了。但是在实际上，这个

概念就不是那么美好了；因为，我们在上一次的演讲里已经看到，这个概念把世界最深的实在当作是静止的，而又没有一个历史，这个概念就使得世界失去了我们的同情，并且使得世界的灵魂离奇。虽然这种概念的确产生**安宁**，而那种合理性又是人们极力要求的，以至于永久都会有绝对主义者。这些绝对主义者宁愿相信一个静止的永恒，而不肯承认一个既有变革，也有斗争的有限世界，甚至还有一个上帝也是斗争者之一，而这个有限世界本身就是永恒的。对于具有这种思想的人们，罗伊斯教授的话总归是最真实的："尘世间罪恶的出现(presence)就是永恒世界之完美的条件……。只
115 有我们心里的绝对也渴望，并且通过我们尘世的斗争，寻求那个不存在于时间里，但仅仅而且绝对地存在于永恒里的宁静，我们才渴望绝对。时间里如果没有渴望，永恒里就不会有安宁……。我心里的上帝(也就是绝对)寻求我现在所缺少的东西，上帝在永恒的世界里不仅拥有我所追寻的目标，而且甚至通过我的悲哀，并且由于我的悲哀，最终拥有这个目标。这样就赢得了我的苦难——绝对的胜利……。我在绝对之中得到满足。可是我的这种满足要求这种悲哀，并且因此能够胜过这种悲哀。"[7] 罗伊斯具有特别适当的能力引用有限经验的许多部分。他发现这些部分和他所描述的这种绝对经验的图景相类似。但是要描述绝对就很难不提高到所谓语言之"有灵感的"风格——我用这个词毫无讥讽的味道，只是作事实的说明和描写来指出和那种由于绝对所引起的情绪一起发
116 生的唯一的文学形式。人们能够很清醒地按照这种推理的路子想下去，[8] 但是图景本身必定是灿烂辉煌的。这种超越每一个相反的事物，同时也是内在地保存它的可羡能力就是绝对之合理性的

特殊形式。我们不过是主(the Lord)嘴里的一些音节;如果整个句子是神圣的,那么每个音节,不管一切外表,绝对地就是它应有的那个样子。在权衡赞成或者反对绝对主义的不同见解上,这种情绪价值大大加重了赞成这一方的分量。

困难在于我们很少能够洞察绝对之确定的细节。困难还在于绝对仍旧只是一个假设上的可能性,如果人们一旦承认绝对并没有被理智主义的论证强制证明了的话。

在反对的一方,绝对若是被认真地看待,而不只是当作我们享有偶尔放弃奋斗的心情而在道德上放松一下的权利这个名声的话,绝对就把真诚的多元有神论所不注意的一切惊人的无理性的事物引进到宇宙里来,但是这些无理性的事物被用来非难每一种
形式的一元有神论或者泛神论。具体地说,绝对引进一个纯粹理 117
论的"罪恶问题",而且使我们不禁要问:为什么绝对之完美竟然需要这样一些特别可怕的生命形式使我们人类可以驰骋其想象的白昼暗淡无光。如果这些生命形式是由什么外力强加于绝对,而且绝对要"克服"这些形式,仍旧要抓住这些形式的话,那么,我们就能懂得绝对之获胜的情感,虽然,就我们自己是在这些被克服的原素之中而言,我们能够默认——不过是伤心地罢了——最后的结局,而且我们决不只是作为可以设想到的最为合理性的绝对而选择绝对。但是绝对被说成是一个没有东西环绕在它四周的存在(being),没有外在的东西可以强加在这个存在上,而且这种存在已经从内部自发地甘愿暴露一切罪恶的景象,而不只是暴露这种存在具有较少罪恶的景象。[9] 绝对之完美被说成是事物的源泉,可是这种完美的第一个结果是一切有限经验之可怕的不完美。不管

"合理性"这个词作什么解释,要认为用这种表述事物的方法在我们有限的心智上所生的印象是合理性的,这种主张是劳而无功的。神学家们已经深切地感到这种合理性的无理性,而且这个情境里
118 所涉及的"人类的堕落"、预定的命运,以及上帝的选拔已经给神学家们以比在他们把基督教多神化的企图中的其他任何事情更多的麻烦。整个的事儿,无论在理智上还是在精神上,仍旧是一个难解的哑谜。

姑且承认,绝对提供给它自己的这个景象,或者人间传奇,在绝对看起来是完美的。如果人间的事务仍旧用这些措辞来表述的话,并且不使任何有限的旁观者参加进来,并且把他们观察这个景象的无数不完美的方式添加到已经完美的东西上的话,世界为什么还不更加完美呢?假设整个宇宙是由一部华美的巨著所组成,适合于最理想的读者来阅读。如果再创造出无数篡改过的,印错了的零星篇章,不管是谁阅读这些篇章,对于这本巨著都要得到许多错误的印象,那么,这个宇宙是改进了,还是变坏了?从最低限度说,权衡合理性之得失显然并不支持把支离破碎的东西这样添
119 加上去。所以这个问题就变得尖锐了:绝对本身对于事物的总见解既然如此合乎理性,为什么必定要把这个总见解弄得支离破碎而成为这些同时存在的、次等的、零星的见解呢?

莱布尼茨在他的护神论里把上帝说成是受到事物里一个前件理由的限制。这种理由使得某些结合在逻辑上是不相容的,使得一些好事不可能存在。上帝事先就通盘考察过他可能创造的一切宇宙,而且用莱布尼茨称做上帝的前件意志这一行动,上帝选择了一个罪恶最小,虽然是不得没有罪恶的世界作为我们的实际世界。

所以，这是一切可能的世界里最好的世界，但决不是在理想上最为合意的世界。上帝作出这种精神上的选择以后，接着就进行莱布尼茨称作上帝的后件意志或者天命这一行动：上帝说"命令"，因此，被选中的世界就立刻成为客观存在，这个世界里一切有限的创造物都遭受这个世界的一切不完美事物的苦难，而不能分享这个世界之创造主调解上帝和人之间关系的真知灼见。

陆宰对于莱布尼茨的这个构思作出一些精辟的评论，而且这
些评论和我评论绝对主义的构思正好一样。有创造性的精神用命 120
令而得出的，而且和它的创造者分离而存在的世界，是存在的一个领域，在这个领域里所有的各个部分只是单独地实现它们自己。如果这些部分的神圣价值只有在这些价值被通盘地看待时才是显明的话，那么，陆宰说得对，就上帝说了一声"命令"而言，这个世界的确就变得贫乏些了，而不是变得更加丰富了。上帝最好是满足于他计划里纯粹先行的选择，而不用一个有创造性的命令来补足它。这种计划本身是值得羡慕的；这个计划变成现实时才会失败。[10]我也要问：绝对为什么竟会丧失它自己对事物的完整经验之完美，并且把它自己分散为我们一切有限的经验呢？

最近英国的许多绝对主义者公开承认这个观点下的绝对之不完美的合理性，这样说对于这些绝对主义者是公平的。例如，麦克塔克特先生写道："我们不能理解宇宙的完美，宇宙的完美不是就
被毁掉了吗？……我们既然不能理解宇宙的完美，我们自己就是 121
不完美的。而且因为我们是宇宙的一些部分，那就不会是完美的。"[11]

周其姆先生发现相同的困难。他把绝对这种假设叫做"真理

的一贯说”。绝对里的一切事物的完全一贯性怎样会把有限精神(minds)的自我专断作为绝对之自我维持的一个必然的要素？他把这个问题的理解叫做自我专断。自我专断在它的极端形式里就是错误。我说，他把这个问题叫做不能解答的难题。如果真理是普遍的根源，错误怎么溜得进来呢？他的结论是，“真理的一贯说一进港口，就可以说是立刻沉下去了”。[12]可是，虽然有无理性的这种坏形式，周其姆先生坚决肯定这个毁掉了的理论之“直接的确实性”[13]。他说他“决没有怀疑过”这个理论的正确性。这种坦率承
122 认对于绝对所持的坚定信仰的态度，即使一个人自己的批评和困惑也打扰不了这种态度，在我看来，是很有意义的。不仅是经验主义者，而且还有绝对主义者，如果都像这位作者这样坦率的话，都会公开承认他们哲学里第一个要紧的事是他们对于一个可能的真理的见解。他们然后极力运用他们的推理把这个见解转化为一种确实性或者概然性。

我能够想象一个相信绝对的人在这一点上反驳说：他决不会只是论说诸多可能发生的事情，而事物的性质在逻辑上要求各式各样有错误的副本；所以宇宙不会是绝对这部巨著的唯一真本。他会问道，绝对不是定义为一切存在的事物之总意识吗？它的视野不是一定要由许多部分构成的吗？那么，一个总意识的所有部分，除了是些零星的意识之外，还会是什么呢？所以，我们的有限心智必定和绝对精神共同存在。我们是绝对精神的组成部分，因而没有我们，绝对精神是生存不了的。——但是，你们如果有人感
123 到也要这样反驳的话，让我提醒你们，你们正在老老实实地运用多元论的武器，从而放弃了绝对主义的目的。把绝对当作是由组成

部分构成的，而绝对之存在依赖这些组成部分，这种观念是十足的经验主义。这样的绝对具有**客体**，而不具有组成部分，而且如果这些客体为了它们自己的不同利益而发展各不相连的有意识的存在，这些存在必定被看作是绝对意识以外的一些事实，而不是蕴含在绝对意识的定义里的一些原素。绝对是一种理性主义的构思。理性主义从整体到部分，而且总是假定整体都是自足的。[14]

话说到这里，那么，我得到的结论是：虽然绝对这种假设，由于
产生某种宗教性的宁静，起了一种最重要的合理化的作用，但是从
理智的观点看，绝对仍旧无疑地是无理性的。唯一**理想地**完美的
整体一定是**所有部分也都是完美的**那个整体——如果我们能够依
靠逻辑的话，我们就可以依靠逻辑给予上面那个定义。绝对的定 124
义是：理想地完美的整体，可是整体的多数部分，如果不是所有的
部分，明明白白都是不完美的。这个构思显然缺乏内部的一贯性，
因而给我们造成一个问题，而不是给我们一个解答。这个构思产
生一个纯粹理论上的难题，就是所谓罪恶的和错误的奥秘，而一个
多元论的形而上学完全没有这种奥秘难解之处。

在任何一种多元论的形而上学里，罪恶出现的问题是实际问题，不是纯粹理论的问题。我们在这里需要考虑的唯一问题，不是罪恶为什么会存在，而是我们怎样才能减少罪恶的全部影响。“上帝”在常人的宗教生活里决不是事物的整体的名称——苍天难容，只是事物的理想趋势的名称。人们相信上帝是一个超人类的个人，他召唤我们合作以实现他的许多目的，而且促成我们的目的，如果我们的目的是值得促成的话。他在外在的环境里起作用，有他的局限性，并且有敌人。约翰·穆勒说，如果上帝被当作是一个

宗教的对象，那么，上帝的万能这个观念就必定要放弃。穆勒的这
句话十分正确。可是，懒散的一元论十分流行，出没于上帝之名所
125 到之处，以致十分简单而真实的一句话一般被当作是一句自相矛
盾的话来处理：据说上帝不*可能*是有限的。我相信够得上称作上
帝的上帝*必定*是有限的。我在下一次演讲里还要谈这个问题。如
果绝对此外还存在的话——而且虽然由于这个假设的一些无理性
的特点，这个假设仍然有讨论的余地——那么，绝对只是广大宇宙
的整体，我们的上帝只是这个整体最为理想的部分，而且这个整体
在更为通常的人性的意义上根本不能说成是一个宗教的假设。
“宇宙情绪”是绝对或许会激发出来的反应之较好的名称。

请注意：绝对所引起的这一切无理性的事和难题，以及有限的
上帝可以没有这一切无理性的事和难题，都是由于这个事实而来：
绝对之外，绝对一无所有，绝对地一无所有。我用来和绝对作对比
的有限的上帝可以想象成*几乎*在上帝之外一无所有；除了宇宙最
小的片断之外，上帝可能已经胜过并且吸收了一切；但是这个片
126 断，不管多么微小，把上帝降低到一个相对存在的地位，因此，宇宙
在理论上就可以免于绝对主义常有的一切无理性的东西。剩下来
的唯一无理性的东西可能是多元论本身受到责难的那种无理性的
东西。关于这种无理性的东西，我希望以后再谈。

我在这次演讲里谈了许多微妙难解的事，一定使得你们厌倦了，我在我的控诉里只要再加两条。

第一，让我提醒你们：*绝对用来作演绎推理是毫无用处的*。绝对可以给我们绝对的安全，假如你这样想的话，但绝对和每一个相

对的危险事情却是相容的。你以所掌握的绝对这个观念，并不能进入现象世界，而且也不能在事前说出你在现象世界里可能遇到的任何具体细节。不管经验的一切具体细节究竟是什么，绝对会**根据这些事物的实际**而采纳它们。这是一个只是向后而不是向前起作用的假设。**那个事实**，不管是什么，事实上将要是绝对乐于提供给它自己作为景色的那种世界。

再者，从唯心论的观点看来，绝对总是被说成是全知者。一贯
地用这种看法来思考就会引导人们给绝对精神形成一个几乎是可 127
笑的概念，因为这个概念似乎不得不带来大量不利的知识。唯心
论认为足以用来证明绝对太一的多元论的归谬法之一是：假设有
许多事实；但是，因为根据唯心论的原则，事实只有被认知了才存
在，所以，这许多事实就意味着有许多认知者。但是，有这许多的
认知者，这本身是一个事实，这个事实因而也要有**它**的认知者，所
以唯一的绝对认知者终于要引进来。**一切**事实都指向到他。这张
桌子不是一张椅子，不是一头犀牛，不是一个对数，不是离这个门
一英里远，不值五百英镑，不是十万年之久。如果以上种种是事
实，绝对甚至在目前就一定明确地知道这一切事实的否定。绝对
必定知道每一事物是什么，也必定知道每一事物不是什么。围绕
每一事物周围的显明否定性的这种无限的气氛——请注意这种否
定性必定是显明的——在我们看来好像是一个十分无用的牵累， 128
徒然使得绝对对于我们的同情仍旧是更加奇异。此外，如果某些
观念是糊涂的是一个事实的话，那么绝对就必得已经想到把这些
糊涂观念建立在糊涂之中。绝对精神里的这些废物这样就会看起
来容易在数量上胜过更为合意的材料。人们会期望绝对精神具有

多得不能再多的肥大、过剩、积余的无用信息。[15]

我不想再和你们谈更多的反对理由了。反对的理由总的说来是:绝对并不是逻辑强加于我们的信念上的,绝对包括绝对所特有的无理性的特点,而且一个思想家没有想到绝对是一个"直接的确实性"(用周其姆先生的话来说),根本就不必把绝对当作不是一个在情绪上十分崇高的假设。这样的绝对,虽然有它的一切缺点,由于它有提供宁静的能力和它形式上的庄严,比这个领域里的其他任何事物都要更加合乎理性。但是,与此同时,这个随伴着的永不完成的世界却是绝对的对手:实在好像是**可以**以分散的形式存在,
129 不是以一个总体的形状,而是以一组个体的形状存在——这就是反对绝对主义的假设。乍看起来,下列事实有利于诸多个体:这些个体无论如何是真实得足以使它们自己至少出现于每个人的眼前,而绝对只对于少数神秘主义者才有待于立即出现,而且对于这些少数人实在也是非常模糊不清地出现。主张绝对的人使我们确信,存在之任何分散的形式受到自我矛盾的感染而有所损伤。如果我们不能透彻理解这些人的论证,而且我们从来也没有能够理解过,那么,我们采取的唯一途径,在我看来,是让绝对埋葬绝对,并且向着较有希望的方向寻求实在,甚至于在有限的而且立即给予的具体细节中寻求实在。

如果你们有些人认为我的这些话卑之无甚高论,甚至于是亵渎神灵的,我很抱歉。在下几次的演讲里我要说的话或许可以减轻这种不好的印象。

第四讲　关于费希纳

绝对在我们的手里已经弄得威信扫地了。有关绝对的逻辑证 133
明都是无的放矢。描绘绝对的御用画师把它的许多图像都弄得平淡无奇,面目不清;而且,除了向我们保证有了**绝对**就万事如意这种简直不起作用的安慰以外,而且我们只要升高到绝对之永恒的观点,就能理解我们也是万事如意之外,绝对并不给我们带来任何宽慰。相反地,它把某些极难应付的困难引进到哲学和神学里来。要不是绝对侵犯进来,我们决不会听到这些害人的困难。

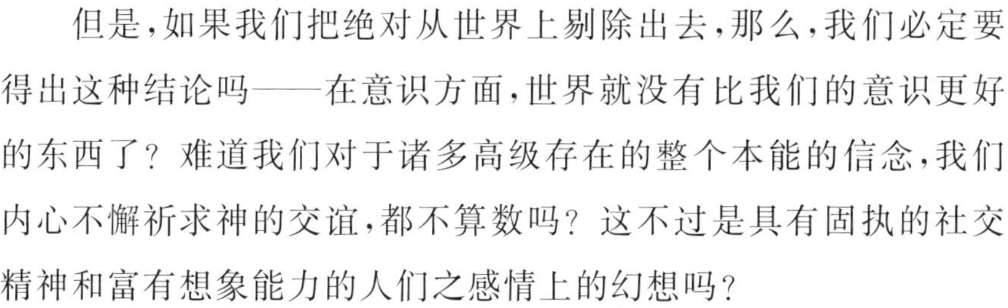

但是,如果我们把绝对从世界上剔除出去,那么,我们必定要得出这种结论吗——在意识方面,世界就没有比我们的意识更好的东西了?难道我们对于诸多高级存在的整个本能的信念,我们内心不懈祈求神的交谊,都不算数吗?这不过是具有固执的社交精神和富有想象能力的人们之感情上的幻想吗?

我相信这样一种否定的结论是非常轻率的,好像把小孩和洗 134
澡水一起倒掉那样的鲁莽。从逻辑上说,相信超人类的存在而不把这些存在和绝对等同起来,是可能的。基督教的某些僧侣团体最近和我们主张先验论的哲学家取得攻守同盟。这种协约在我看来建立在一个用意未尝不好,但是十分有害的错误上。《旧约圣经》里的耶和华(Jehovah),《新约圣经》里的天父都和绝对没有共同之处，除了耶和华，天父和绝对三者都比人伟大而外；因而，如果你说绝对这个观念是亚伯拉罕（Abraham）、大卫和耶稣的上帝，在最初相互启发以后，不可避免地注定要显现于更富于思考和更加新近的思想家中。那么，我的回答是：虽然在一定的具有特殊哲学思维的思想家中，情况可能是如此，但是更加适当地称作宗教思想家的人们却沿着一条截然不同的途径发展。这在福音主义的基督教
135 的全部历史里都有事实证明。我建议这几次演讲里申说这另一条发展的路子。我们要把绝对这一个学说放在它适当的框架中，使得它并不充斥于天空而把高级思想之一切其他可能的东西都排斥在外——这对于许多不熟悉哲学的学生研究绝对似乎是个可行的办法——我要把绝对和一种体系相对比。这种体系，抽象地考虑起来，最初似乎和绝对主义有很多共同之处，但是，如果具体地并且从气质上看，却是真正地处于另一极端。我指的是费希纳的哲学。英国读者还不很知道这位作家，但是我深信他的影响会与日俱增。

费希纳的极度具体性，细节丰富，使我敬佩，我打算在这次演讲里提出来和诸位共同欣赏。在我过去所认识的哲学怪人当中有一位女士，她的哲学体系里主要论点我都忘记了，我只记得一点。如果她出生在三千年前的爱奥尼亚群岛（Ionian Archipelago）的
136 话，那么这一点就会使得她的大名在每个大学课程和试卷上占有地位。她说，世界是由两个原素组成的：厚实和单薄。就她的分析而言，没有人能够否认这种分析的正确性，虽然就我们现在对于自然的理解说，她的论点本身听起来有点“单薄”。但是在世界上称作哲学的这一部分里，这个论点却是真实不过的了。例如，你们许多人听了我对先验唯心论所作的简略介绍以后，就得到这种印象：

它的论点非常单薄，而它的各项名词又单薄如纸，包裹着这个厚实而硕大的世界。你们中的某些人当然也会指责我的解释也很单薄；但是，我的解释虽然一直是单薄的，我相信我刚才介绍的那些理论还要单薄些。从格林到霍尔丹都提出绝对来帮助我们澄清我们的生活所经过的层层经验里的种种混乱。绝对仍旧是一个纯粹抽象的观念。任何人也不曾设法把它弄得具体一些。如果我们打开格林的著作，我们得到的不过是统觉之先验的自我(一个事物要 137
在经验中有价值，就必得被经历过。康德就用统觉来说明这种事实)。这种统觉之先验的自我被吹胀得成为一种无始无终的肥皂泡，大得足以反映整个宇宙。格林一直认为，自然只存在于诸多关系之中，而这些关系含蕴着一个永恒精神(mind)的动作；一个自我区分的意识，它自己却逃脱它借以决定其他事物的所有关系。这种意识出现在不管什么连续发生的事物之前，它本身却不是连续发生的。如果我们用凯尔德这几个哲学家为例，他们对于宇宙的本原说得也不多——它总是从自我的许多客体的差异回到自我的同一性。自我把它自己和许多客体分开，因此就意识到这些分开的客体，同时自我又把它们作为一个高级自我意识里的成分团结在一起。

这似乎就是单薄性之真义；而且在我们大量阅读之后，我们推测这个在讨论之中的伟大的包罗一切的自我是绝对理性本身，并且绝对理性本身又是以习惯于使用一定的单薄乏味的“范畴”来进 138
行它显著的关联作用为特征，所以，这件事情并没有变得厚实些。自然事实之整个的起作用的材料却已经试过了，而只有赤裸裸的理智主义的形式主义仍然不变。

我们在上面看到，黑格尔试图把事物之间的关系说成是“辩证的”来使得他的体系更加具体，但是，如果我们转向于那些以最为崇拜的心情使用黑格尔大名的人们，我们就会发现他们放弃黑格尔的企图里一切具体的东西，只是赞扬他的旨趣，很像我们赞扬他的旨趣所用的方式。例如，霍尔丹先生在他绝顶聪明的吉尔福特演讲里把黑格尔捧上了天，但是他谈到的黑格尔归结起来不过是：“精神用以安排它的诸多经验并且给予这些经验以意思的所有范畴，也就是借以掌握个别事物中特殊概念的一般概念，是一条逻辑的锁链。在这个逻辑的锁链中，第一概念必须先有最后概念，而最后概念是第一概念的必要条件，又是第一概念的真理。”霍尔丹先生根本就没有要把这种单薄的逻辑结构厚实起来。他的确说，绝
139 对精神在它本身和它的他性（otherness）里，在它建立它本身异于它本身的区别之下，都以综合中的绝对精神作为这两者之真实的先验条件（prius）；而且，这既然是绝对精神的真正性质，绝对精神的辩证的特点，像在歌德和华兹华斯的诗里和在宗教的形式里那样，必定以具体的形式显现出来。“上帝的性质，绝对精神的性质，就展示出辩证法的三重运动，因而上帝的性质在宗教里必定是一个三位一体。”但是，霍尔丹先生的黑格尔主义，在指出歌德和华兹华斯具有辩证的特点以及建立三位一体之外，并没有告诉我们有关我们实际居住的世界之更多的具体情况。

泰勒先生在他的原理及其结果方面同等地单薄。他追随布拉德莱先生，首先使我们相信实在不会是自相矛盾的，但是要和真实地在一个人的自我以外的任何事物关联起来却是自相矛盾的，所以终极的实在必定是一个包罗一切的系统的整体。可是在他那本

写得极好的著作的结尾里，他能谈到的这种整体是：整体这个观念“不能增加我们的见闻，也不自行提供任何动机以从事实际事务”。140

麦克塔克特先生供应我们的也差不多是同样单薄的货色。他说，“黑格尔哲学主要的实际兴趣可以在逻辑给予我们的那种抽象的确实性里寻找得到：一切实在都是合乎理性的和正直的，即使我们一点也不能理解它怎么会是合乎理性的和正直的……。并不是实在向我们显示我们周遭事实怎么是好的，不是它向我们显示我们怎样能够把这些事实弄得更好，而是它证明这些事实，正像其他实在一样，在永恒性方面，是完美地好，而且在时间上，是注定要变得完美地好。”

麦克塔克特先生的著作里也没有任何具体的细节，只有这种抽象的确实性：不管这个具体的细节究竟是什么，它就会是好的。普通不讲辩证法的人们生下来对于宇宙就有大量充满生气的热情，所以他们就已有了这种抽象的确实性。先验哲学的奇特之处是它极端蔑视像热情这一类的生命功能，和先验哲学企图把我们 141
简单而直接的信赖和信仰转为许多逻辑上中立的确实概念的形式来探究那些概念可能是荒谬的。但是麦克塔克特先生自己的确实性所牢靠依据的整个基础是下面这个断言：他把黑格尔的信条放在这个断言里，就是说，在每一点滴的思想和经验里，不管多么有限，实在的整体（黑格尔称作绝对理念）是“蕴含着出现的”。

这确实是黑格尔的真知灼见，而黑格尔认为他的辩证法的具体细节证明了辩证法的真理。但是他的门徒认为这些细节的证明并不令人满意，可是仍旧坚持他的真知灼见。这些门徒自己以为具有更加合乎理性的意识，确实不比怀有各种热情或者审慎接受信仰的普通人高明些。我们自己就见到了一元论证明的一些弱点。麦克塔克特先生在黑格尔的逻辑里找出他自己的不少漏洞，最后得出结论说，“一切真正的哲学必定是神秘的，并不是在这种
142 哲学的方法上，而是在它的最后结论里。”这就等于说，理性主义的方法，尽管有它的优越性，对我们也不能有所帮助，因而见解和信仰最后还得弥补方法的不足。但是，这种见解在这里是多么抽象而单薄啊，更不用说是信仰了！实在的整体，在我们有限的经验之中明确地是没有的，可是必定蕴含地出现在所有这些经验当中，虽然我们没有一个人能够理解实在的整体怎样蕴含地出现在这些经验里——“蕴含的”这个词在这里是负载一元论体系之倒四面体的薄弱基点。周其姆先生的真理的一元论系统建立在更加薄弱的基点上。——他说，“我从来没有怀疑过，普遍而永恒的真理是一个单一的内容或者意义，唯一，完整而完全”，而且他坦率地承认理性主义“把这种直接的确实性提高到反思的认识”的企图是失败了。总而言之，对于周其姆先生说来，唯一的大真理和生命所呈现的一切小真理以及错误之间并无中介之物。他决没有“怀疑”过这个心理的事实就够了。

一元论的整个四面体，建立在这样单薄的一些基点上，在我看
143 来，好像是一个统治者的命令，这只是意志的产物，远非理智的成果。统一性是好的，所以诸多事物必须连贯；诸多事物必须为一；不管出现了什么经验上的分离，必须有诸多范畴使得诸多事物为一。这种必须的倾向在黑格尔的著作里普遍存在，而又非常突出；文字上和逻辑上的抗拒力量它都毫不顾及。罗伊斯教授说得好，黑格尔的错误不是像有些人所指责的是“把逻辑引进了热情，而在

于把热情的逻辑当作了唯一的逻辑……”。罗伊斯说，“〔这样〕黑格尔是很有启发性的，但绝不是最后的定论。作为一个体系，黑格尔的体系已经垮了，但是他对于我们生命富有生气的领悟却永远留存。”[1]

我们已经见到了那种富于生气的领悟。真实的事物不仅是它们自己质朴的自我，而且还含糊地当作是它们自己的他物来看待，而且普通逻辑否认这一点，就必定要加以克服。有这种富于生气的领悟就是在这个意义上说的。普通逻辑否认这一点，因为普通逻辑用概念来替代真实的事物，而概念又**只是**它们自己的质朴自我而已。罗伊斯称作黑格尔的“体系”的是黑格尔的这种企图：黑 144
格尔想要使得我们相信，他是用概念来研究哲学，而且艰苦地弄出一种更高格调的逻辑来，而实际上明智的经验、假说和热情为他提供了他的一切结果。

我在下一次演讲里还要说明我所说的事物是指它们自己的他物。现在我们专门讨论费希纳的哲学。我们大多数的绝对主义哲学家的空洞理论看起来都是单薄、抽象、贫乏、陈旧的，而且语言枯槁，一副学生腔。费希纳的厚实，对比之下，却给人以清新之感。

理性主义的抽象主张和理想主义的方法具体地能做出的成果之间的对比实在是有点不可思议。如果我们思想的“逻辑的先验条件”（prius）真正是整个“具体的一般概念”之含蓄的“存在”（presence），也就是，我们一切有限思考里的理性，或者实在，或者精神（spirit），或者绝对理念等等的整体，而且如果这种理性用（例
如）辩证的方法进行的话，那么，在人类已知的理性活动的最伟大 145
的事例里，例如在“科学”里，辩证法就没有用到过一次，这不是似

乎奇怪吗？我想不起科学上使用过辩证方法的任何事例。假设以及从假设推断出来的推论，受到凭感官观察到的结果的检验和我们从其他方面的已知事实得来的类推结果的核实，都是科学取得一切成果的主要根源。

费希纳没有运用任何方法，只是运用这些科学成果为他关于实在之形而上学的结论作论证。请让我先简略介绍他的生平。

费希纳于1801年出生在德国萨克森尼州一个贫困的乡村牧师的家里。他从1817年到1887年去世时住在莱比锡长达七十年之久。他是一位典型的旧式德国的博学之士。他的生活并不富裕，但是他的才思敏捷，瑰丽多彩。他二十一岁通过莱比锡大学的医学考试，但是决定献身于物理科学，而不愿行医。他不久就得到
146 大学的批准从事教学，但是十年以后才任命为物理学教授。同时为了维持生活，他从事大量的文字工作。例如，他翻译了比奥(Biot)关于物理学的四卷论著，戴纳(Thénard)的六卷化学论著，后来还为这两部书出了增订本。他编辑了化学和物理学的知识宝库、药物学杂志、八卷本的百科全书，在这部百科全书中有三分之一的篇幅由他执笔。他发表了物理学论文以及他自己的电学实验研究报告。大家知道电学上的测量是电学的基础，费希纳用自制的简单仪器从原电池产生的电流中得出的计量到今天还是第一流的。在这期间他还用马塞斯(Mises)博士的笔名发表了许多半哲学半幽默的作品，这些作品都已多次再版发行。此外，他还写了诗歌、文学和艺术论文以及其他零星文章。

147 过劳、贫困以及由于他观察后像(也是一个第一流的研究)而引起的视网膜疾病，使费希纳在三十八岁时得了严重的神经衰弱

症，各种功能都患有过敏的感觉，一病三年，完全不能工作。今天的医学会立即诊断出费希纳的病是习惯性的神经官能症，但是他那个时代却认为是不可理解的天灾。他的疾病突然好转，费希纳和其他的人都认为这是天赐的奇迹。这种疾病使得费希纳内心消沉，在他的生活中引起极大的危机。他写道，“如果我不坚持我的信仰，坚信不渝，自有好报，那么，我就不会很好地利用那段时间了。”他的宗教信仰和宇宙哲学的信仰拯救了他——从此以后，他的唯一重大目的是躬身力行这些教义并且把这些教义传播给世间
上的人。他确实广泛传播这些教义；但是，他在逝世之前还做了许 148
多其他事情。

一本关于原子理论的书，也是第一流的作品；他称作心理物理学的四卷巨著，是他精心研究数学和实验的成果——许多人认为费希纳在第一卷里实际上已经建立了科学的心理学；一卷关于有机体的演进，两种关于实验美学的著作，许多评论家认为费希纳也为这一门新兴科学奠定了基础。这些都应当包括在他的成就之中。我现在简要地介绍他有关宗教和哲学的著作。

他逝世时，莱比锡大学的师生无不哀悼，因为他是理想的德国学者之楷模，生活简朴，思想新颖，虚怀若谷，和蔼可亲，孜孜为学，唯真理是服膺，而且文采翩翩，纯系日尔耳曼的口语体裁。五十年代和六十年代里偏向唯物论的人认为费希纳的理论古怪而有趣，
而后来的一代人解放了更大的想象力，因而一个姓普利厄尔（Pre- 149
yer）的某人，一个姓冯特的某人，一个姓鲍尔森的某人，和一个姓拉锡维茨（Lasswitz）的某人，都会把费希纳称作老师。

他的心智确实是一个多方面有组织的真理荟萃之所。怀有赤

子之心的人们偶然也思索真理的这些错综复杂的问题，而任何事物适当地看去，距离这些问题，既不太远，也不太近。他具有最为耐心的观察力，最为准确的数学，最为敏锐的辨别力，又最富于人情味。这些特点丛集一身，相得益彰，而无互相削弱的痕迹。他确实是一个“伟大的”哲学家，虽然他不像多数哲学家那样热衷于单薄的抽象观念。对他说来，抽象生存在具体之中，因而他的一切探究之隐藏的动机是要为他称作的世界的黎明观提供更多的证据。他的黎明观是：整个的宇宙在它的不同跨距和波长，在它所排斥和包容的事物方面是活生生的，而且是有意识的。他的主要著作《真
150 德—亚维斯特》(*Zend-avesta*)经过五十年才得到再版机会(1901年)。① 他兴会盎然地写道：“一燕飞来不成夏。但是，夏天来到了，第一只燕子才会飞来；因而对我说来，那个夏天就意味着我的黎明观将来总会流行于世。”

根据费希纳的见解，我们通俗的思维和我们科学的思维的原始罪恶是这种顽固的积习：我们把精神的东西不当作是通则，而当作是自然现象中的例外。我们不相信：我们的生命是受大生命的哺育，我们各个人的生存得到大生存的支持。大生存必定比它所产生的一切具有更多的意识和更大的独立性。我们却习惯于把我们生命之外的东西只当作是生命的残渣和灰烬；要不然，如果我们

---

① *Zend-avesta* 原为《波斯古经》，公元前十到前七世纪波斯人琐罗亚斯德(Zoroaster)所创祆教的经典，分经文(avesta)和注释(zend)两部分。法人皮龙(Perron)于1771年译为法文，误作一名，沿用至今。祆教教义以为世界上有善恶两种力量，不断斗争，善化身为光明神，恶化身为黑暗神，故以礼拜圣火为主要仪式。亦称拜火教。——译者

信仰一个神灵，我们就一方面把他幻想成无形体，而另一方面又把自然幻想成无灵魂。费希纳问道，这种学说能带来什么安适，或者什么安宁？花开吐香，顷刻凋谢，星星陨落，原是岩石；我们自己的身体日渐变得和我们的精神不相适应，而堕落成为贪婪声色的躯体。自然之典册变为一本力学的书籍，其中凡是有生命的东西都 151
当作是一种异常的东西；在我们和一切高于我们的事物之间的巨大鸿沟日益增大，因而上帝就成为抽象观念之单薄的安乐窝。

费希纳使得黎明观生动有趣是靠他所使用的工具——类比推理；在他的著作里找不到理性主义的论证，只有人们在实际生活中不断使用的那些推论。例如，我的房子是由某人建造的，世界也是由某人建造的。世界比我的房子伟大，建造世界的必定是某个更为伟大的人。我的身体受我的感情和意志的影响而移动；日、月、海、风本身都更加强而有力，受某种更加强而有力的感情和意志的影响而移动。我现在活着，日日在变；我以后还会活，还要变下去，等等等等。

班恩(Bain)把天才解释成看出类似之处的能力。费希纳能够察觉类似之处的数目异常巨大；但是他也坚持相异之处。他说，不考虑差异之处是类比推理的通常的谬误。例如，我们大多数人都 152
作下面这种正确的推理：我们所知道的心都和身相连，所以上帝的心就要和一个身体相连。我们大多数人就接着假定，上帝的那个身体必定也是一个动物的身体，因而把上帝描绘成人的模样。但是这种类推所符合的只是**一个**身体——**我们**身体的具体特点是适应生存环境的结果。我们的生存环境和上帝的生存环境大不相同，如果上帝有一个肉体的话，这个肉体在结构上必定和我们的肉

体完全不同。费希纳在他的通篇著作里总是把差异和相似相提并论，而且由于他兼顾这两个方面的异常能力，他会把通常反对他的结论的那些意见转变为支持他的结论的因素。

种类无穷的心总是和种类无穷的身相连。我们生活于其中的整个地球，根据费希纳的见解，必定有它自己的集体意识。每个日月和行星也是如此；整个太阳系也必定有它自己的广阔的意识，我
153 们地球的意识只占其中的一部分。整个的星系本身也必定有它的意识；而且，如果那个星系从物质上来考虑不是所存在的一切之总和，那么那整个星系，加上其他任何可能存在的东西，就是宇宙的那个绝对地总加在一起的意识。人们把宇宙的这种总意识称作上帝。

这样，费希纳在纯理论上是神学上的一元论者；但是在他的宇宙里仍有余地容纳人和最后无所不包的上帝之间各个等级的精神存在；他在设想所有这种超人类的明确内容是什么的时候，他的想象不超出行星这一等级里的朴直的精神。他热烈地相信地球灵魂；他把地球当作是特别守护人类的天使；我们可以像人们祈求各自的圣者那样祈求地球；但是我认为在费希纳的体系里，正像在许许多多实际有历史意义的神学里一样，最高的上帝只是标志着包容人类之上的所有不同世界的界限而已。上帝在他的威严上被弄
154 得单薄而抽象，人们宁愿和许多不太遥远、不太抽象的信使和中保打交道①。这些信使和中保都是神灵派遣的。

我下面就要问费希纳的理论所采取的抽象一元论的倾向是否

① 根据基督教的教义，耶稣基督是圣父、圣子、圣灵三位一体，具有人神二性，以此而做神人之间的中保（Mediator），代他人祈求上帝。——译者

由逻辑决定的。我相信这种倾向不是逻辑所要求的。同时请让我稍微详细介绍他的思想。人们把他的思想加以总结，予以摘要，这就不可避免地有损于他的原意了。虽然他使用的那种推理类型简单得几乎有如孩童，而他所得到的结论可以在一张纸上写完，他的**能力**，总的说来，却由于他的具体想象力十分丰富，由于他考虑成功的论点众多，由于他的学识渊博，见解透彻，和对具体事例的巧妙运用，这三者合并起来所生的效果，还由于他的文笔平易近人，修辞诚挚，最后更由于他给人的印象是独辟蹊径，**真有所见**，言论确有根据，而不是大学教授式的哲学作家队伍里的普通一员而已。

我们这几次演讲里所要介绍的费希纳最重要的结论，从理论 155
上说来，就是世界的一般构造是完全相同的。在我们人身上，视觉意识随着我们的眼睛而来，触觉意识随着我们的皮肤而来。但是，皮肤或者眼睛虽然不知道眼睛或者皮肤的种种感觉，这种种感觉在我们每个人称作**自我**的那种更有包罗性的意识里以某种关系和组合聚在一起而显现出来。费希纳说，那么我们可以十分相似地设想：我们必定设想我对自己的意识和你对你自己的意识，虽然在直接性上各自分离，互不知晓，可是在一个高级意识里却都被知晓，并且都被使用在一起。比如，你我的这些意识就是人类意识的组成部分。相似地，整个人类和动物界合在一起就成为范围更大的一种意识的诸多条件。这种意识在地球的灵魂和植物界的意识
里合并。人和动植界的意识的合并对于整个太阳系的经验也有所 156
增补，如此等等，不断综合，不断提高，直至达到一个绝对普遍的意识。

一个硕大的类推系列！类推的根据是我们身上可以直接观察

到的事实。

地球意识的这种假定遇到了一个强烈的本能性的偏见。费希纳巧妙地试图克服这个偏见。人类的精神是地球上最高的意识。我们以为地球本身在各方面都不及人类。如果地球有意识的话，地球的意识怎么会比人类的意识优越呢？

我们在这里很想使用的优越性之标志是什么呢？如果我们更加仔细研究这些优越标志的话，费希纳指出地球比我们更加完美地具有一切优越标志。他详细考虑我们之间的差异之点，并且指明这些差异之点以促成地球更高的地位。我只能略谈其中几点。

标志之一当然是其他外在存在的独立性。在地球之外的只是
157 所有其他天体。我们在身体外部赖以生活的一切事物——空气、水、动植物食品、其他的人，等等——都作为地球的组成部分而包含在地球里。地球在无数方面自给自足，而我们则不然。我们几乎事事依赖地球，地球依赖我们的在地球的历史里只占一小部分。地球运行不辍，四季往复，她带着我们自转不停，从朝至夕，又从夕至朝。

统一性里的复杂性是优越性的另一个标志。整个地球的复杂性比任何机体的复杂性要大得多，因为她把我们的一切机体包括在其中，再加上我们机体没有包括进去的无限数目的事物。可是她本身生活的各个方面又是多么简单而厚重啊！任何动物的姿态和它血液里血球不停的运动相比，是平静安宁的，所以地球和她养育的动物相比，也是一个平静安宁的存在(being)。

从内部发展，而不是从外部制作，在人的眼光里看来，也算是
158 优越之处。一只鸡蛋，比起一个塑造外形的人用泥土做成一只鸡

的形象来，是存在的一种高级方式。然而地球的历史是从内部发展的。正像一只奇妙鸡蛋的历史，地球的历史是太阳的热能，正像母鸡的体温，刺激地球而完成其演进变化上的循环。

典型的独立存在以及和同一类型的其他存在之间的差异是等级的另一个标志。地球和其他行星不同，而且行星的诸多存在作为一类和其他存在格外不同。

长远以前，地球被称作是一个动物；但是行星比起人或者动物来，属于高一级的存在；不仅在量上大些，像巨大而笨重的鲸或者象，但是体积庞大的存在就需要一个完全不同的生活方式。我们具有动物特征的结构来自我们的低劣性。我们需要到处走动，伸腿弯腰，这不过表明我们的缺点而已。我们的腿只是拐杖，我们以不懈的努力靠着这一双腿去猎取我们体内所没有的东西。但是地 159
球却不是这样一个跛子；地球既然已经具有我们苦苦追寻的东西，为什么还要具有和我们的四肢相类似的东西呢？她要模仿她自己的一个小小的部分？她不要伸出手来拿什么，要臂何用？她没有头，要颈何用？她在空间畅行无阻，而且她有着她的动物的亿万只眼睛指引动物在地球上行动，而且它们的鼻子闻着鲜花放出的香气，她要眼鼻何用？因为我们自己是地球的一部分，所以我们的器官就是她的器官。她仿佛是眼看耳听到她整个的范围——凡是我们分别看到听到的，她立即看到听到。她在地球表面产生出无数种类的有生之物，而且她把它们之间众多的意识关系吸收到她高级而且更加普遍的意识生活之中。

我们多数人考虑到整个地球像我们的躯体一样地生气勃勃这种理论的时候，我们就犯了拘泥于类推而不考虑差异的错误。如

160 果地球是个有情的机体，我们就要问，她的大脑和神经又在哪里？和她的心与肺相对应的是什么？换句话说，我们盼望她已经通过我们所进行的功能又在我们身外进行，而且以相同的方式进行。但是我们彻底地明白地球怎样用一种和我们不同的方式进行某些功能。如果你说起循环，太阳使得落在地球上的雨水和灌溉她的江河泉溪流转不息，她要心脏何用？她整个的敏感的表面和紧贴在它上面的大气息息相通，她身体里要肺又有什么用处？

给我们带来最大麻烦的器官是大脑。我们直接知道的全部意识似乎都和脑联系在一起。我们问，没有大脑，能有意识吗？但是我们的大脑主要地是把我们的肌肉反应和我们所依赖的外在实物
161 关联起来。地球就以一种完全不同的方式起着大脑所起的功能。她没有她自己的肌肉或者四肢，而在她之外仅有的实物是所有的其他星球。她整个的质量借着她运行上最为精妙的变化，并且借着她物质上更加精妙的震动反应，对于其他星球作出反应。她的海洋就像威力无边的镜子反射天光，她的大气像硕大无朋的透镜折射天光，云彩和雪地把天光合并成纯白，而森林和鲜花又把天光分散成五颜六色。极化，干扰，吸收震醒了物质的感情。我们的感觉粗糙得难以注意到物质的这些情感。

那么，由于地球的这些宇宙关系，地球不需要眼耳，也不需要一个特别的大脑。我们的大脑确实把无数的功能统一而关联起来。我们的眼睛看不到声音，我们的耳朵听不见光，但是我们有了大脑，就都能感觉到音和光，并且把它们加以比较。我们用大脑里连接视觉和听觉两中心的神经纤维来解释上面这个现象，但是这些纤维到底是怎样不仅把种种感觉，而且还把这两个中心连接起

来的，我们还没有弄懂。但是，如果纤维真是连接作用所必须的 162
话，地球难道就没有许多通道，你和我可借这些通道在身体上相连续而把我们两人的心智相沟通，而比大脑纤维在单一的心智里连接声光还要绰绰有余吗？把事物统一起来的每一种高级工具必定是字面上的大脑纤维这个名称吗？地球精神(mind)否则就不能一起知道我们两人心智的内容吗？

费希纳的想象力既坚持相似之处，也坚持相异之点，这样就把我们整个地球之生命的图像弄得更加具体了。他念念不忘于力求这种图像的完美。什么形体还能比她日以继夜，寒来暑往，载运珍贵瑰宝的形体更加卓越呢？她的形体是马、轮、车三者合一。想一想她的美丽——一只发光的球体，蔚蓝的天，阳光照着半面，而另一半则浸沉在群星灿烂的黑夜里，江河湖海反映出诸天重重，山峦重叠，峡谷蜿蜒，光影交错。人们如果能够远眺其芳容，她犹如彩
虹之绚丽，七色纷呈。我们站立在她的山巅，却不能尽睹其全貌。163
山川景色的特质，凡可以名状者，在她身上立刻可见——或纤细，或雍容，或沉静，或放荡，或浪漫，或凄凉，或欢欣，或丰腴，或清新，无不显现，历历在目。那一派景色就是她的面庞——也是人影婆娑，风景如画，因为人们的眼睛炯炯有光，像是露珠中的钻石。遍体是绿，而蓝天和彩云裹着她，正像新嫁娘笼罩在面纱里——这个面纱真是云蒸霞蔚，透彻晶莹，地球通过风婆雨伯，舒展折叠，时时更新，决不厌倦。

每个自然环境都有它自己的居民。天上的以太之洋以光为其波浪，地球荡漾其中，以太之洋不能有它自己的居民吗？以太之洋的诸多居民和他们的自然环境一样高处天际，好像在他们居住的

半精神的海洋里由于半精神的力量，游无鳍，飞无翼，流动不居，广大无垠，安宁寂静。这些居民欢庆于灿烂天光之相互交流，听任些
164 微引力的相互牵曳，而且个个藏匿一份用之不尽的内心的宝藏。

人们总是编造出有关天使的寓言。天使居住在光里，不需人间烟火食，是我们和上帝之间的信使。实际存在着的存在就在这里，在光里居住，在天空流动，不饮亦不食，是上帝和我们之间的诸多中介，服从上帝的命令。所以，如果天堂真是天使之家，那么天体必定就是这些天使，因为那里别无其他的创造物。是啊！地球是保卫我们的伟大的共同的天使，照管我们大家的所有利益。

费希纳在引人注意的一页书里叙述了他直接见到这种真理的契机。

“一个春日的清晨，我出去散步。田野碧绿，群鸟嘤嘤，露滴莹莹，炊烟正起，到处有人出现其间。上帝化身的光芒普照万物。这不过是地球的一丁点儿；这不过是她的存在之片刻；可是在我灌注
165 目光，仔细打量她的时候，我越发觉得她似乎是一位天使。这不仅是一个美好的意念，而且也是一个千真万确的事实。这位天使华美丰腴，鲜艳如花，而巡行太空，稳重和谐，她把她整个生动的脸儿转向天堂(Heaven)，就把我带进那个天堂。我问我自己，人们的俗见怎么缠夹得脱离生命，竟然把地球当作是一团干土，而在地球之上或在太空之中寻求天使，——天使当然是无处可寻……。但是这样的经验会被当作是异想天开。地球是个球体，至于她还可能是些什么，人们可以在矿物标本的柜橱中找到。”[2]

人无识见，自会灭亡。教授式的哲学家却无识见。费希纳则有真知灼见，这就是他的著作使人百读不厌，而且每读一次都使人

对于实在得到一种新鲜感觉的缘故。

他最早的一本书叙述他对于植物的内在生命的见解。他把它称作“南娜”(Nanna)。在动物的发展里，神经系统是主要的事实。植物作离心的发展，把它们的器官向外伸开。由于这种理由，人们 166
假定植物不会有意识，因为植物缺乏中枢神经系统所提供的统一性。但是，植物的意识可能是另外一种类型，和其他结构相连接。提琴和钢琴因为有弦而发出声音。那么是否就可以说只有弦才能发出声音？那么笛子和大风琴又怎么样呢？当然，它们的声音有不同的音质，所以植物意识的质量可能和植物具有的那种组织密切相关。植物没有神经，却有营养、呼吸、繁殖的功能。我们只有在不寻常的状态下才意识到这些功能。在正常的情况下这些功能的意识被大脑的功能所掩盖。植物就不发生这样的掩盖，因而植物的低等意识就可以更加活跃。除了用叶子餐风雨、饮日光，繁殖
细胞和感到子根吸引树液之外，植物就无所事事。如果太阳、空气 167
和水忽然中断，植物就不感到难受，这是可以设想的吗？植物的生命达到顶点而开花结果，那时候的植物就不更加强烈地感到它们自己的生存，也不感到我们称作乐趣的那种愉快，这是可以设想的吗？水莲沉浸在日丽风和之中，随波荡漾，难道就不欣赏它自己的美吗？我们房间里的盆花趋向阳光，闭花于黑暗之中，我们浇水剪枝，它就滋长成形，打朵开花，谁有权说它没有感觉，或者说它只有纯粹被动的份儿？植物确实无所预见，既不能预见刈者的镰刀，也不能先知摘花人的手。植物既不能逃走，也喊叫不出。但是这仅仅证明植物的情感生活的方式和靠眼睛、耳朵和具有移动力的器官生活的动物多么不同，这并不证明植物没有情感生活的方式。

如果植物的情感生活一去无存，我们地球上的感觉就会多么
168 狭隘，多么散乱。意识就会以某种麋鹿的形状独行于森林之中，或者以某种昆虫的形状飞逐花间，但是我们能够真实地假定上帝一口气吹过的大自然就是这般贫乏的茫茫一片么？

我现在大概已经把费希纳的形而上学著作里的一般特征介绍给你们当中没有读过他的书的人了。我希望你们有些人现在感到要亲自读一读他的著作。[3] 我在这几次演讲里最为关心的是费希纳的特殊思想：他相信意识之更有包容性的诸多形式是部分地由更加有限制的诸多形式**所组成**。这并不是说意识的这些形式仅仅是更加有限制的形式之总和。因为我们的心智并不是我们的视力加上我们的声音加上我们的痛苦，但是在这所有的项目加起来以外，我们的心智还找出这些项目之间的关系，并且把它们组织成许
169 多系统、形式和实物，而没有一种感觉在它分离的状态下认识这些系统、形式和实物。所以，地球灵魂探索我的心智内容和你的心智内容之间的许多关系，而你我各自的心智却不意识到这种种关系。地球灵魂具有和它广大领域成比例的系统、形式和实物，而我们的种种心理领域却狭小得无法认识这些系统、形式和实物。但是，我们单独的时候，我们简直就相互失去联系；由于地球灵魂，我们两人就都在那儿，而且互**不相同**，这是一个确实的关系。我们不知道我们存在，它却知道我们存在。我们被摈弃于它的世界之外，但是那个世界却向我们敞开。内在生命的总宇宙似乎有一种纹理或者倾向，一种活塞结构，只让知识单向流过，因此宽广的总可以把狭小的置于观察之下，但是狭小的却不能把宽广的置于观察之下。

费希纳在这里所用的显著类比推理是各种感觉对于我们个人

心智的关系。我们的眼睛睁着，眼睛的知觉就进入我们总的心理
生活。眼睛看得越多，我们的心理生活就不断增长。然而，闭上了
眼睛，视觉不再增加，只有过去的视觉经验之思想和记忆留存 170
着——当然是和大量储存的其他思想和记忆，再加上从未曾闭塞
的感觉而得来的素材合在一起。我们的视觉本身对于它们所进入
的这种庞大的生活毫无所知。费希纳认为，正像任何一个普通的
人会认为的那样，视觉发生的时候，就直接被带进这种生活里，并
且就以视觉的本来面目形成这种生活的一个部分。视觉并不停留
在外面，也不用摹本表现在里面。只有视觉的记忆和概念才是摹
本；一切敏感的知觉本身，根据眼睛的开或闭，才被各人带进身内
或者挡在各人的身外。

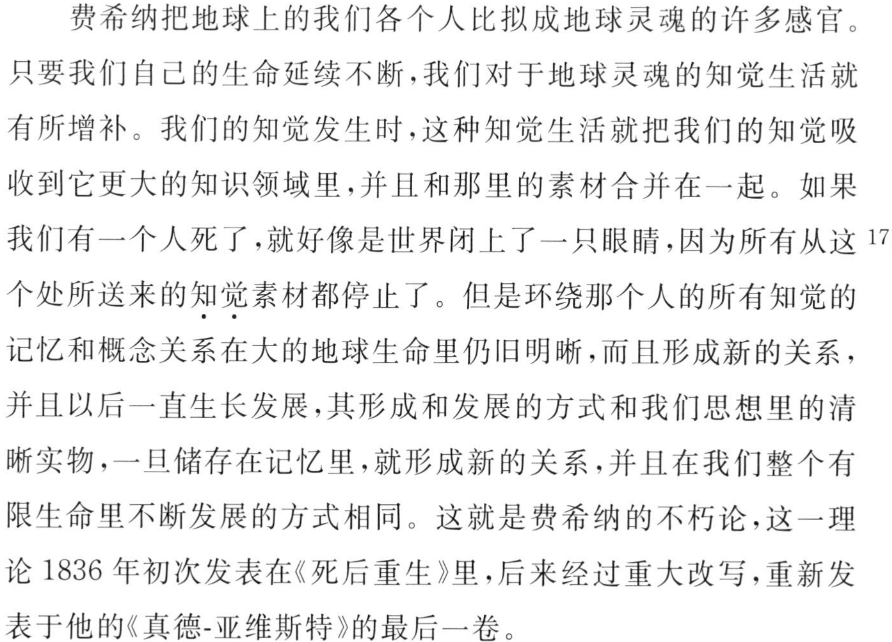

费希纳把地球上的我们各个人比拟成地球灵魂的许多感官。
只要我们自己的生命延续不断，我们对于地球灵魂的知觉生活就
有所增补。我们的知觉发生时，这种知觉生活就把我们的知觉吸
收到它更大的知识领域里，并且和那里的素材合并在一起。如果
我们有一个人死了，就好像是世界闭上了一只眼睛，因为所有从这 171
个处所送来的知觉素材都停止了。但是环绕那个人的所有知觉的
记忆和概念关系在大的地球生命里仍旧明晰，而且形成新的关系，
并且以后一直生长发展，其形成和发展的方式和我们思想里的清
晰实物，一旦储存在记忆里，就形成新的关系，并且在我们整个有
限生命里不断发展的方式相同。这就是费希纳的不朽论，这一理
论 1836 年初次发表在《死后重生》里，后来经过重大改写，重新发
表于他的《真德-亚维斯特》的最后一卷。

我们犹如微波兴起在海洋上那样出现在地球上。我们如叶子

从树上生长出来那样从地球的土壤里生长出来。微波各自闪烁着
阳光，枝不动而叶摇曳。海上微波和枝上绿叶各自实现它们自己
的事件，正像在我们自己的意识里，任何事物表现有力时，其背景
172 就逐渐隐失，观察不到。可是事件却回过头来作用于背景，正像微
波作用于波浪，或者树叶的移动作用于枝丫里的树浆一样。整个
的海洋和整棵的树木记录了已经发生的事件，而由于波浪的动作
和树叶的动作已经发生，海洋和树木就又不同了。一段嫁接的树
枝可以改变整个的根株：——因此我们经久而淡忘了的个人经验，
作为记忆印存在整个地球精神里，在那里成为永久存在的思想，并
且成为这个伟大体系的许多部分；正像我们在活着的时候相互有
别，这些部分各不相同，不再是孤立地，而是互相作为许多部分体
系实现它们自己，这样就进入新的组合，受到那些那时仍旧活着的
人们的知觉经验的影响，而且反过来也影响活着的人——虽然活
着的人很少认识到这些经验的影响。

如果你想象躯体死亡以后进入一种高级类型的共同生命意味
着我们明晰特征的融合和损失的话，费希纳就问你：我们自己的视
173 觉知觉进入我们高级的关联意识里，并且在这种意识里显示其特
点，并且加以解释的话，我们自己的这种视觉意识是否在任何意思
里就存在得**更少些**，或者较**不明晰些**呢？

——但是，我的介绍就到此为止，请你们自己阅读他的著作吧。按照这位哲学家的理论，活生生的宇宙就是这个模样！我以为你们会承认，他把这个宇宙弄得生机盎然，更加**厚实**，而其他哲学家只是遵循理性主义的方法，得到相同的结果，但是仅仅以最为单薄的轮廓表达出来。例如，费希纳和罗伊斯教授最后相信一个

无所不包的精神（mind）。他们两人都相信，我们，正像我们现在站在这里，是那个精神的组成部分。那个精神，除了我们加上所有其他像或者不像我们的有生之物，再加上那个精神形成的我们之间的关系以外，就没有其他的内容了。我们的诸多每个个体集合起来成为一，在实质上都是和这个精神的总体相等同，虽然这个总体是完美的，而每个个体却是不完美的，所以，我们必得承认未曾知觉的关系和新的质量都是从这种集体形式产生的。这样，集体形式优越于分散形式。但是，罗伊斯得到了这个结果以后，就留下 174
很多机会让我们自由探索。（他在道德方面对哲学问题的处理，在我看来，似乎比其他任何同时代的唯心论哲学家都无限地丰富和厚实。）相反地，费希纳却尽其全力详细描绘出由于更加集体的形式而来的许多优越之处。他标志出集体性的各个不同的中间阶段和休止的地方，——正如我们对于我们各别的感觉的那种关系，地球对于我们，太阳系对于地球等等也是这样的关系，——而且，假如他为了避免永无止境的总和积累，假定一个完全的上帝是包容一切的，并且像唯心论者处理他们的绝对那样，把上帝的形象弄得很不确定的话，他还是以地球灵魂的形式为我们提供了接近上帝的一个很确定的大门，我们必定首先通过地球灵魂按照事物的本性连接起一切更加包容的超人类的领域，而且我们更加直接的宗教往来无论如何必须用地球灵魂才能开展。

通常的一元唯心论不考虑任何中间的东西，只承认极端的东 175
西，似乎是在现象世界的粗陋面貌尽显其特殊性以后，只能找到完美的上帝。首先，你和我，正如我们现在在这个讲堂里；我们一旦探索到那个表面以下，就是那个不可言说的绝对本身！这不显示

出一个非常贫乏的想象力吗？这个极好的宇宙不是依照更为丰富的模式而成，其中大有余地容纳一整套的许多等级的存在吗？唯物的科学把这个宇宙在项目上弄得无限众多，有分子、以太和电子等等。绝对唯心论只能在理智的形式下考虑实在，根本不知道怎样处理任何等级的形体，而且不能利用任何心理生理学的类比或者对应。如果和费希纳所描绘的这样一个宇宙的厚实性和通连方式相比的话，绝对唯心论所得结果之单薄性令人震惊不已！如果满足于理性主义的绝对是问题的始末尽在于此，而抽象地把绝对当作是一个适当的宗教对象的话，这不是给心理要求的某种天生
176 的贫乏作证明么？事物最快地出现在最渴望需要它的人们的眼前，因为需要磨炼出我们的机智。满足于少的人总是发现不了宇宙里的多。

坦率地讲，我大谈费希纳的原因是要借对比的效果使得我们现在流行的先验论的单薄性格外明显。经院主义很厚实；黑格尔自己很厚实；但是英美的先验论则很单薄。如果哲学是个具有较多热情见解、而较少逻辑的东西，——我相信如此，逻辑只能在事后为见解寻找理由——，那么这样的单薄性就必定不是来自门徒大有缺陷的见解，或者来自这些门徒的热情吧？这些门徒的热情和费希纳或者黑格尔的热情相比，正如月光射入阳光，白水倒进了美酒。[4]

但是我采用费希纳的哲学作为我的演讲之一还有一个更深的理由。费希纳的假定：有意识的经验本身自由地复合，自由地分
177 开。绝对主义靠这相同的假定来解释我们的心智对永恒精神的关系，而经验主义也靠这个假定来解释人类的心智是由从属的心理

原素所组成。这个假定我们不应该不加以详尽的研究。我在下一次演讲里就仔细讨论这个问题。

第五讲　意识的复合

181 我在上一次演讲里把费希纳的思考方式作了简括的介绍，不过对于细节具有无比丰富想象力的这位哲学家来说，实在太简括了。他的思想精密，我对于他卓越的理智能力最主要的特性的介绍也还不够。但是，限于时间，不能叙述他的著作的详细内容，所以我今天只能按照上次演讲结束时所述的内容讨论这个假定：意识的诸状态本身，姑且这样表述，能够自由地分开和合并，而且在形成范围广大的经验之诸多同时场的诸多部分时，保持各状态自己的本性不变。

请让我首先把我所要说的这些话的意思解释一下。例如，你在听我讲话的时候，你或许不注意到你的衣着或者你的姿势所引起的某一种身体上的感觉。可是那种感觉大概会在那里，因为在
182 刹那之间，改变注意力，你就能在同一意识场里和讲话的声音一起意识到这种感觉。好像这个感觉最初以一种单独分开的形式存在(exist)，然后好像它本身毫无变化，却和你的其他共存的感觉合并起来。正是根据这种类比推理，泛神论的唯心论认为我们存在于绝对之中。泛神论的唯心论认为，绝对以一个完整不分的永恒的行动立刻认识整个世界，从而创造世界。[1]“存在”(be)，**真实地**存在，像绝对知道我们存在那样，也就是和其余的每一事物一起存在，并且用我们的意思充分表达出来。在那期间，我们同时不仅真

实地并且像绝对知道我们那样的存在,而且显然地存在,因为对于我们分开的各个自我说来,我们单独出现,不和诸多的其他事物在一起,而且我们好像不能充分地申述我们自己的思想是什么。泛神论的唯心论的经典理论是,从《奥义书》①一直到乔西亚·罗伊斯,一切有限的认知者,尽管他们明显的无知,都和认知一切的认知者是一体。正如麦克塔克特博士告诉我们的那样,绝对的观念是蕴含地包括在我们个人经验之最为有限的契机(moments)里。183
正如罗伊斯所说,这些要素只在和绝对观念有关系时才存在(exist)。只有通过绝对观念遮蔽一切的存在(presence),这些要素才是真的或者是错的。在那个独立永恒存在的大的自我当中,这些要素是有机的部分。只有这些要素蕴含在绝对观念的存在(being)之中,这些要素才存在(are)。

这样,实际上只有这一个自我,有意识地包括所有小的自我,逻各斯(logos),问题解决者和认知一切者;而且罗伊斯有创造性地指出无知和疏忽之间的关系。我们各人的无知在这一自我的完全知识当中爆发出来,并且把我和你隔离开来,把我们两人和这个自我隔离开来;而在我刚才提到的像那些肉体感觉这类暗存的细节方面,我们有限的心智容易流于疏忽。这些感觉和我们总的个人一己的心智的关系正像我们个人一己的心智和绝对精神(mind)的关系一样。我仍旧用罗伊斯的话;一己之私意味着无知,而无知意味着疏忽。我们是有限的,因为我们的意志本身不过是绝对意志的片

① 《奥义书》(*Upanishad*):古代印度《吠陀》经典的最后部分,成书于公元前 7 世纪或 8 世纪,提出了"梵"(宇宙本原、宇宙精神)和"我"(个人的精神、灵魂)的纯粹哲学问题。——译者

断而已;因为意志意味着兴趣,因而一个不完全的意志意味着一个
184 不完全的兴趣;而且,因为兴趣的不完全意味着对于许多事物的疏忽,充分的兴趣本来会使我们知觉到这许多事物。[2]

罗伊斯在这番叙述里用某种在经验上可以理解的内容来解释我们和绝对精神的关系这个观念是后期黑格尔学派最为果断的尝试。

我得承认,我现在惶恐万分,因为我向你们说过要严密考虑这种假定。这是一个微妙而又深奥的课题。一个人拿支笔钻研微妙之处,或者研究书上的深奥各点,是一件事,而要把这些微妙深奥的地方向大家作一番介绍,却是另外一件事。可是,我现在必须勇于己任,不可畏葸不前,因为我认为这个困难或许正是目前哲学现状的症结所在,而且我想象,目前时机成熟,或者差不多成熟了,可以认真地考虑这个问题的解决了。

如果我把要说的第一部分用直接的个人交代的形式来谈,这或许可以减轻这个课题的艰巨性。

185 我在1890年发表了一本讨论心理学的著作。我有责任讨论对于我们的高级心理状态所作某种解释的价值。当时倾向于生物学的心理学家赞成这种解释。这种意见一部分是受到观念联念的启发,一部分是由于化学化合物的类推。这种意见认为复杂的心理状态是简单的心理状态之自我复合所生的产物。穆勒父子谈到过心理化学①,冯特谈到过"心理的合成",从而显现出原素里所没有的性质;而斯宾塞(Spencer)、泰因(Taine)、费斯克(Fiske)、巴

---

① 穆勒父子:James Mill(1773—1836),英国哲学家、历史学家、经济学家,其子John Stuart Mill(1806—1873),哲学家,经济学家。——译者

拉特(Barratt)和克利福德(Clifford)这些人还提出一个非常重要
的演化理论。这种理论认为,心理东西的或者心理尘埃的基本单
元,在没有灵魂、自我或者统一性的其他要素的情况之下,可以表
述为在复合和再复合的相继阶段中集合在一起,而且就这样产生
我们许多高级而复杂的心理状态。譬如说,基本感觉 A 和基本感 186
觉 B,在一定条件下发生时,根据这种理论,就合并成感觉 A+B,
而感觉 A+B 又和以相似方式产生的感觉 C+D 相合并,一直合
并到二十六个字母都出现在一个意识场里,在假定存在(exist)的
感觉 A+B+C+D+E+F 等等之外不存在任何一个或者几个可
以作见证的原素。每个感觉所分开作见证的,“所有”这些感觉,都
假定可以联合作见证。但是这些感觉的个别的知识并不借任何行
动而**引起**它们的集体的知识。个别的知识**就是**它们的集体的知
识。意识的所有低级形式“合并”起来**就是**意识的高级形式。意识
的高级形式,“分开”来,并不由任何东西组成,只**是**所有的低级形
式而已。这至少是对于这个理论最为清楚的理解,这也是我的心
理学那一章里我对这个理论的理解。

从表面上看,这似乎正像 H_2 和 O 化合成水,但是严密地看,
这种类推就推不下去了。化学家告诉我们两个原子的氢和一个原 187
子的氧自然化合而成为新的化合物水的时候,化学家知道(如果他
相信自然的机械观的话)这只是对于一个复杂的事实所作的省略
陈述。这个复杂的事实是,H_2 和 O,不是分开,而是靠拢,例如处
于 H－O－H 的位置时,它们**对于周遭的物体就有不同的影响**:它
们就弄湿我们的皮肤,使糖溶化,灭火等等。H_2 和 O 处于它们早
先的位置时,就都做不到这些。“水”不过是**我们**给予起那些奇怪

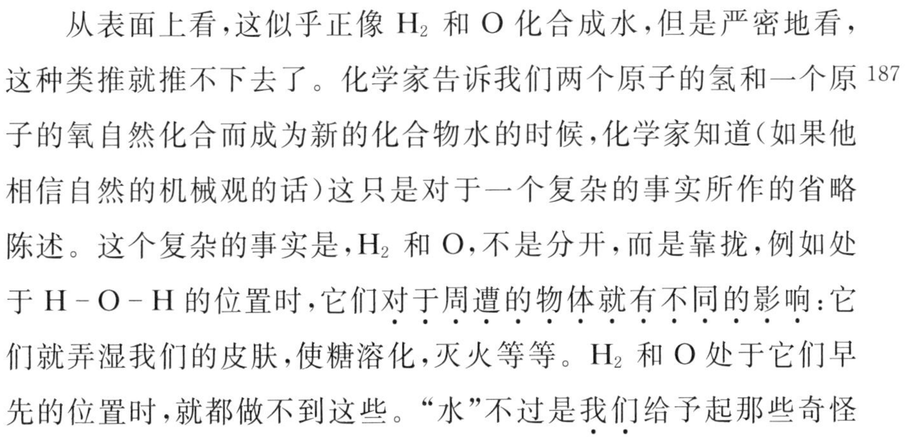

作用的东西的名称罢了。但是，如果没有皮肤、糖和火的话，作见证的人就不会提到水。他仍旧会个别地提到H和O，只是注意到H和O现在是以新的H－O－H位置起作用。

在所有古老的心理学里，灵魂或者自我代替了糖、火或者皮肤。一切低级感觉对于灵魂或者自我都有影响，而这些低级感觉明显的复合物不过是灵魂或者自我的种种反应而已。你用一片羽
188 毛触弄一个人的面孔，他就痒得发笑；所以，你用一个视网膜感觉和一个比如肌肉感觉同时触弄他天赋的理智能力，这个理智能力根据“空间”这个范畴报以呵呵大笑，但是把空间当作是仅仅由这些简单的感觉所组成，就错了。空间却是这些简单感觉对于心智施加的合并行动所能引起的一种新的独特心理创造。

在讨论心理尘埃理论时，我感到要强调这后一种看法。所谓心理复合物是一种高级类型的一些简单心理反应。我说过，这些反应的形式本身是一种新的东西。我们不能说二十六个字母的意识本身只不过是二十六个意识，每个意识是一个字母的意识；因为这些意识是二十六个截然不同的意识，每个意识是一个字母的意识，和其他二十五个字母不相干，而二十六个字母意识的所谓总和是一个单一的意识，是每个字母和其余二十五个字母的意识。在集体意识里就这样有了新的东西。这个集体意识确实知道这些相同的二十六个字母，但它以这种新的方式知道这些字母。我说过（因为我不愿意承认自我或者灵魂或者两者合并的其他动因）把二
189 十六个字母的意识当作第二十七个事实来处理，用来代替二十六个简单的意识，而不是作为二十六个简单意识的总和，较为稳妥。这二十六个简单的意识是在一定的生理条件下产生的，而其他更

复杂的生理条件则导致二十六个字母意识的产生，这样说也较为稳妥。所以我说过，不要说高级状态是由简单状态**组成**的，或者高级状态和简单状态**是**相同的；而要说高级状态**知道这些相同的事情**。高级状态是诸多不同的心理事实，但是它们各以其特殊的方式理解相同的客观的A、B、C和D。

我不得不作出结论：合并的理论因而是站不住脚的，逻辑上既无意义，实际上也不必要。你可以随便说，十二个思想，每个单词是一个思想，和整句的思想并不就是相同的心理事实。我坚决认为，所有的高级思想都是心理的单元，而不是复合物；但是，尽管如此，高级思想可以把这些相同的对象作为集合的群体而认知，这些相同的对象在其他条件下则是分别地被认知为许多简单的思想。

多年来我坚持这种看法[3]，我所根据的理由似乎这些年来也能 190
应用到这种见解上：绝对精神和我们的心智的关系是整体和部分的关系。如果这种见解在有限的心理学里站不住脚，那么在形而上学里也站不住脚。我最近还提醒过你们，伟大的先验论的隐喻总是一个合乎语法的句子。从物质结构上说，这样的一个句子当然是由几个子句构成，子句由词构成，词由音节构成，以及音节由字母构成。我们可以懂得每一个词，可是不理解全句；但是，如果全句的意思忽然明白了，每个词的意思就都包括在那个句子的整个意思里。根据我们的先验论大师们的主张，绝对精神思考整个句子，而我们则按照各人的思想造诣思考一个子句，一个词，一个音节，或者一个字母。情况也是如此。我说过，我们大多数人不过是真主嘴里说出的一些音节。而且，因为真主居于存在者之首，所以先有整句，也就是形成永恒的绝对思想的那个逻各斯(logos)。

191 语言学家告诉我们言语是从人们极力有所陈述开始的。最初用来陈述的那些粗陋合成的语音慢慢地定型而僵化，然后经过长久的时期就分解为语法的各个部分。人们似乎并不是首先发明字母，并用字母造出音节，然后再用音节造成词，再用词造成句子；——实际的次序正好相反。所以，先验论者肯定，完全的绝对思想是我们诸多思想的先决条件，而我们这些有限的芸芸众生，就完全的绝对思想承认我们为它所有而言，只是它的语言片断而已。

这个隐喻十分美妙，而且还可以完全应用到经验之许多小的整体上去，因此我们大多数人只要听到这个隐喻就深信这个隐喻可以普遍地应用。我们看到，有了阵雨，才有雨点，有了整个的鸟，才有一根羽毛，而颈和嗉囊，喙和尾又同时并存，所以我们毫不迟

192 疑地定下这条法则：除非整体也存在，任何东西的部分才能存在。那么，因为每一事物，否则不管是什么事物，都是整个宇宙的部分，而且因为（如果我们是唯心论者的话）若无见证，不管是整体或者部分都不存在，我们就得到这个结论：纯粹的绝对，作为整体的见证，是每个部分事实之存在的唯一根据，我们自己的存在这个事实也包括在这个部分事实之中。我们把我们自己当作好比是构成那个绝对之鸟的几根羽毛。我们把我们有熟悉经验的一些整体，类而推之，及于诸多整体的整体，我们就容易成为绝对唯心论者。

但是，如果我们不受隐喻（句子、阵雨或者鸟）的吸引，仔细分析这个隐喻所暗示的观念：我们是绝对的永恒意识场里一些组成部分，那么，我们就遇到严重的困难了。第一，我发现心理尘埃理论的困难。如果绝对借认知我们而造就我们的话，绝对不认知我们，我们怎能存在（exist）呢？但是绝对并不是把我们和其他每个

事物分割开来而认知我们每一个人。可是，如果存在，像唯心论所 193
肯定的那样，只是被经验到的话，我们确实以另外的方式存在，因为我们无知地而且分割地经验到我们自己。我们和绝对的差别不仅在于缺陷，而且在于过度。例如，我们的无知带来好奇和疑虑，而绝对就没有这种种烦恼，因为绝对永恒地拥有每一问题的解答。我们的无能带来了痛苦，我们的缺点带来了罪恶，而绝对的完美则使罪恶退避不前。我刚才谈到字母表形式和二十六个字母，我说的那些话也可以用到绝对的经验和我们的诸多经验上来。绝对的经验和我们的经验之间的关系，不管是什么关系，似乎不是同一性的关系。

我们的经验之特质和我们仅仅是绝对之心理对象之间是不可调和的。一个上帝，有别于绝对，上帝创造事物是在他之外把事物投射成许多实质，正如经院哲学家所说，每个实质都赋有本性(perseity)。但是思想的对象不是事物的本身。思想的诸多对象只是由于思想这些对象的人而存在在那儿，而且只当他思想它们的时候才存在在那儿。那么，思想的诸多对象怎么能够为了它们
自己的方便而各个存在，而且它们思想它们自己怎么能够和思想 194
它们的上帝思想它们完全不一样呢？这正好像小说里的人物从书上站起来，走开，而在作者的故事之外经营他们自己的生活。

第三个困难是：鸟的隐喻是物质的，但是我们思考一下就明白，物质世界里没有真正的复合。“整体”在物质世界里并不是实在，部分才是实在。“鸟”只是我们给予器官的某种组合这一物质事实的名称而已，正像“北斗七星”是我们给予一定星群的名称一样。“整体”，不管是指鸟或者星座，只是我们的视觉，只是许多事

物一起对于我们总的感觉器官起作用时所产生的效应。整体不是任何器官或者任何星体所能体现的,它离开旁观者的意识也不能被体验到。[4] 就物质世界本身来说,因而并没有“总体”(all),只有一切“个体”(eaches)——这至少是“科学的”见解。

相反地,在心理领域里,诸多整体在事实上的确能体现这些整体本身。整句的意思是一种真实的经验,正像每个词的感觉是一
195 种真实的经验一样;绝对之经验是适合绝对本身的,正好像你的经验是适合于你自己的,或者我的经验是适合于我自己的一样。所以,如果你不能使得绝对成为一种性质不同的心理动因,由于我们的几个心智使得这个心理动因产生视觉,这个视觉和羽毛、喙等等在这些相同的心智里所产生的“鸟”的视觉相类似,羽毛和鸟的类推才能奏效。“整体”是绝对的经验,那么,整体就成为绝对对于我们的诸多经验所起的具有统一作用的反应,而不是这些经验本身的合并。这样的一种看法就符合有神论,因为有神论的上帝是一个单独的存在;但是这种看法不符合泛神论的唯心论,泛神论的唯心论之实质是坚持:我们完全是上帝的一些部分,而上帝只在我们的总体上才是我们自己——“我们自己”这个词在这里当然是指整个宇宙的有限事实。

我恐怕在一个短期要讲完的演讲里谈得太深,很不适宜。像这样的一些困难得用绣花针轻轻地理出个头绪来,因而演讲的人只要作个鸟瞰就行了。然而,就我而言,实际的结果是:如果我在
196 几年以前讲绝对,我会毫不迟疑地强调这些困难,并且还要长篇阔论,大谈特谈,用以说明关于绝对的这种假设,从逻辑的观点看不仅是非强制性的,而且还是自相矛盾的。绝对这个观念把部分和

整体当作只是相同事物的两个名称，是经不起严格的考查的。如果你执著于像星体这样纯粹物质的名词，那就**没有**整体。如果你把整体当作是心理的，那么所谓整体，就和部分不是同一个事实，而看起来却是一个独立的高级见证——如有神论所假定的上帝——对于这些部分所作的完整的反应。

只要这就是我自己的心理状态，我就不像在讨论心理尘埃那一章里接受经验之平凡领域里的自我复合那样容易接受经验之崇高领域里的自我复合这个观念了。所以，我不得不认为绝对是不可能的；泛神论的和一元论的唯心论者肆意践踏逻辑的藩篱使我
大吃一惊，而且，坦率地讲，既使我愤愤不平，又叫我羡慕不已。陆 197
宰和其他的人在我以前就制定了这些逻辑的藩篱，我在引用他们的话之外，稍加阐述而已。我羡慕的是，我从心眼里想要得到相同的自由，至于动机，下面我还要说一说；我愤恨的是，我的绝对论者的朋友们在我看来窃取了摇摆不定的特权。我的这些朋友为了建立他们的绝对，就使用一种理智主义的逻辑，而他们用来反对绝对时，就不顾这种逻辑了。在我看来，他们至少应当提一提反对的意见，这些反对意见完全把我的思路堵塞了。我曾经由于纯粹逻辑上的谨慎，违背我的“信仰意志”，屈从他们。他们假装着厌恶信仰意志而遵循纯粹的理性，他们只不过是忽视这些反对意见罢了。这种方法使用起来很方便，但是实在不能算是公正的。费希纳确是够公正的了，因为他决没有想到这些反对意见，但是，以后的作家，像罗伊斯这几位，想必听到过这些反对意见，却置若罔闻，默不
作声。我感到好像这些哲学家过分容许他们信仰一元论的意志 198
了。我自己的良知不容许我有这种信仰的意志。

这就是你们让我介绍我们和绝对精神之间关系的个人自白。现在让我们较为客观地考虑这两者的关系。

我发现的根本困难是唯心论的一元论者似乎忽视的许多矛盾。第一，他们给一切存在(existence)都赋予一种心理的或者经验的特性，但是我发现他们同时相信宇宙的高级和低级存在在实体上是同一的，这和这种特性是不相容的。这两者不相一致还由于下列这个一般为人接受的理论：说心理存在的存在是被感知，或者被经验到，无疑是正确的，不管柏克莱(Berkeley)说物质存在的存在是被感知是否正确。如果我感到疼痛，不管我怎样得到这种感觉的，我感到的就是疼痛。没有人妄想，疼痛本身只是看起来像疼痛，而疼痛就其性质说却不疼不痛，因为一个心理经验只是对某个人看来是这样罢了。

199 我们这里谈到的唯心论者就应当做这两件事情当中的一件，但是他们两件都没有做。他们不是应当谴责这个观念：由于心理状态出现了，所以心理状态存在；或者就应当，在保持这种观念的同时，承认一个性质不同的起统一作用的动因，担负起总认知者的工作，正好像通俗哲学里我们的各别的灵魂或者自我所担负的部分认知者的那种工作。否则，好像一个合资经营的公司，只有股东而无司库或者经理。如果我们有限的心智形成十亿个事实，那么动因的精神，认知我们这十亿事实，就会使得一个宇宙由十亿零一个事实组成。但是先验的唯心论，正像生理心理学对于叫做灵魂的有力要素很有敌意，先验的唯心论认为康德已经明确地推翻了这些要素。而且，某些信徒虽然把统觉的先验自我(他们认为这是康德留给后代的最为宝贵的遗产)好像说成是一个有组合作用的

动因，一元论的权威确实是倾向于把统觉的先验自我当作只是一
个总见证者，我们这些有限的见证者并不引起，但却构成总见证者 200
的视野。我们是二十六个字母，总见证者才是字母表；我们是五官，它才是面孔；的确，字母表或者面孔既不像是另外添在二十六个字母或者五官上的东西，而却像是这二十六个字母本身或者五官本身的另一个名称。总体形式确实是不同于个体形式，但是它们的*内容*是相同的，个体形式只是一种难以解释的外表而已。

你们看到，这和唯心论的另外一个原则相矛盾：心理的事实正是这个事实所呈现的样子。如果它们呈现的种种形式很不相同，总体和所有的个体就不能相等同。

解决困难的办法似乎是（直到我们真的愿意完全抛弃同一性的逻辑）坦率地把总体和个体当作这两种等级不同的见证，每个小见证只意识到它自己的“内容”，而大见证知道所有的小见证，知道
所有小见证合在一起的整个内容，知道所有小见证之间的关系，并 201
且还知道每个小见证无知到什么程度。

这两类见证在这里明显地是非等同的。我们从这两类见证得到的是多元论，而不是一元论。在我的心理学的一章里，我曾经公开采用这样的多元论，把每个总的意识场当作一个不同的实体，并且主张高级的意识场对于所有相同的对象知道得更多而在功能上仅仅取代了低级的意识场。

一元论者自己像蠕虫一样在使劲地扭动，想要摆脱多元论或者至少是二元论的语言，但是摆脱不了。他们谈到永恒的和一时的两个“观点”；他们从宇宙的无限“方面”或者宇宙的有限“能力”提到宇宙；他们说，“作为绝对”，宇宙是一回事，“作为相对”，宇宙

是另一回事；他们把宇宙的“真相”和宇宙的“现象”加以对比；他们还把“理解”宇宙的总体的方式和部分的方式区别开来，等等；但是他们忘记了，根据唯心论的原则，要作这样的一些区别就等于创造不同的存在，或者无论如何，他们忘记了不同的观点、方面、现象、
202 理解方式等等并非都是无意义的词句，除非我们假定，在实在的不变内容之外，各式各样的见证以各种方式来经验或者理解实在，而绝对精神正是最为完全地理解实在的见证。

请再多考虑一下这个问题。先问一问，从不同的观点看，就现出不同的东西，这一观念的含义是什么。如果没有外在的见证，一个事物只能由它自身看见，所有的个体或者部分只能短暂地由它们几个自我看见，总体或者整体则永恒地由它自身看见。这样，不同的“自我”是从绝对论者坚决主张的那个在本质上是单一事实的内部发生的。但是，*实际上*是一的怎么能*在效果*上成为这么多？把你的诸多见证放在任何地方，在所见证的之内或者之外，作为最后的手段，你的诸多见证，根据唯心论的原则，必定有不同的性质，因为所见证的并不相同。

恐怕我说的这一番话很费解——我知道，你们有些人对于这种强词夺理的争辩叫苦不迭。你们说，做个多元论者也好，做个一元论者也罢，老天爷，不管是哪一种论者，只要你们不再争辩就行
203 了。这使我想起切斯特顿的警句：使人发疯的唯一的东西就是逻辑。但是，不管我是否发疯，即使你们自己是先验论者，你们一定能由于我不辞辛苦而在一定程度上承认一元论的唯心论所遇到的困难。把部分和整体都称作相同的经验有什么用，而同时你又得说总体“本身”是指一种经验，而每个部分“本身”又指另一种经验？

那么，直到现在仍旧是困难，还没有谈到经久不变的解决办法，因为我一直在指责缺点。过了这个转折点，下面我就要开始考虑进一步的诸多可能的办法，你们听了大概会安心了吧！

为了扫清道路，我请你们先注意一点。一直使得我的逻辑良知不安的不是绝对本身，而是整个的这类假定，绝对是这类假定中最高的例子。这类假定，也就是诸多的集体经验，声称和它们的组成部分具有同一性，可是体验事物又和这些组成部分不同。如果 204
任何这样的集体经验能够存在的话，那么当然，仅就这个事例的逻辑而言，绝对可以存在。我在上一次演讲里从其他的观点反对绝对。我在这次演讲里只是要把绝对作为给予我这样的逻辑困惑的根源的例子来谈。这个例子在牛津最为显著。我在逻辑上不能理解怎么能把任何一种等级的集体经验看作在逻辑上等同于许多个别的经验。这两种经验是两个不同的概念。绝对碰巧是牛津的唯心论者所极力主张同一性的那种唯一的集体经验，所以我用绝对作为特别优先考虑的例子。但是费希纳的地球灵魂，或者在地球灵魂之上或者之下的任何阶段的存在，对我也是有用处的：同一个逻辑上的反对理由可以应用到绝对上，也可以应用到这些集体经验上。

因此，我之所以讲这么多，目的是让你们弄清我的战略目标。防范我所使用的逻辑的真正要害是集体经验和个别经验在任何情况下都具有的那种同一性，而不是叫做绝对的那种同一性的特殊 205
例子。

现在我们讨论更为直接的问题。我们可以不可以说，每个复杂的心理事实都是一个单独的心理实体(entity)，它随着许多其他心理实体而来（这些实体被错误地称作部分），并且在功能上取代了其他的心理实体，但并不真正由其他心理实体所组成？这是我在我的心理学里所采取的途径；因而如果用在神学上，我们就要否定通常所设想的绝对，而用有神论的“上帝”来代替。我们还得否定费希纳的“地球灵魂”和一切其他超人类的各种等级的经验之总集，至少费希纳相信这些经验的总集是这样被复合成我们简单的灵魂；因而我们就得用自我等同这种公正不阿的逻辑来作出这些否定，自我等同的逻辑教导我们把一件事和它的他物称作同一是犯了自相矛盾的罪行。

但是，如果我们体会上面叙述的整个哲学现状的话，我们就看
206 到这种现状是不能容忍的。这种哲学现状忠实于逻辑一类的合理性，而不忠实于任何其他种类的合理性。逻辑一类的合理性使得宇宙不相连续。这些经验场精确地相互替代，每个经验场知道相同的事情，但是在不断扩大的范围里，从最简单的感觉一直到绝对知识，如果这些经验场的认知功能十分明显是共同的话，这些经验场能够没有共同的存在（being）吗？这些经验场的正规的连续在这样的一些条件下是一个不可理解的奇迹。如果你的回答是，这些经验场的共同客体本身就足以使得许多见证相连续的话，那么你就遇到同样难以和解的逻辑——同一个客体怎么能呈现出各式各样的现象来？同一客体的诸多各不相同的现象（appearances）把同一客体分裂成一个多数；而且我们的客体的世界，正和我们的主体的世界一样，分裂成不相连续的片断。最后得到的无理性是真正不能容忍的。

我刚才讲过，我羡慕费希纳和所有其他的泛神论者，因为我自

己也要那种我看到他们纵情享有的自由。这种自由使他们任听诸多心理场复合起来,因而使得世界更加连续,但是我的良知不许我这么做。然而,在我的内心深处,我知道我的情况荒唐可笑,而且 207
不过是暂时的罢了。宇宙所深知而且时刻有所行动的一个连续生命的奥秘不可能是矛盾的化身。如果逻辑说它是一个矛盾的化身,逻辑就更糟了。逻辑是一件次要的事情,是静止的不完全的抽象。逻辑必定要屈从实在,而不是实在要屈从逻辑。我们的智力不能像蜕变时期的蛹,把自己活活地围困起来。我们的智力必定要不惜任何代价和产生智力的宇宙保持良好的关系。费希纳、罗伊斯和黑格尔所采取的途径较为正确。费希纳从来没有听到过逻辑的否决,罗伊斯听到否决的声音,但是机灵地不顾否决的内容,黑格尔听到否决的内容,但是鄙视不顾——他们都欢欣鼓舞,各行其是。我们要单独地服从逻辑的否决吗?

我多年来,真心诚意,任劳任怨,钻研这个问题,写过上千页的
读书笔记和心得体会。许多意识怎么能够同时是一个单独的意 208
识?同一个事实怎么能够这样不同地经验它本身?我的这番奋斗是一场空;我走进了死胡同。我知道,我只有两条路可以选择。我必定要断然放弃我整个的心理学的和康德式的教育促使我从事的那种“没有灵魂的心理学”,——总而言之,我必定要恢复诸多的特殊精神动因来时而是单独地、时而是组合地认知心理状态,总之要恢复经院哲学和常识。不然的话,我必定要断然招认这个问题无法解决。那么,或者必定要放弃我的理智主义的逻辑,同一律的逻辑,而采用合理性的某种高级(或低级)的形式;或者最后必定要勇敢地面对这个事实:生命在逻辑上是无理性的。

说句老实话，这是我们每一个人所面临的实际上的三岔路口。
你们中倾向于经院哲学的人或者倾向于常识的人，对于我发下宏
愿而又无甚成就所作的呻吟，会报以冷笑。你们会说，请你就接受
209 精神的动因吧，别再卖弄你那可笑的学问了。让我们的“灵魂”和
我们的感觉靠理智的官能结合起来，让“上帝”来代替泛神论的世
界-灵魂，那么你就又会顺利前进了——你就会兼有生命和逻辑而
并享之。

这个解决办法是明显的，而我知道你们许多人会接受这个办
法。这个办法使人舒适愉快，而且得到我们语言习惯的支持。可
是，实质的灵魂这个观念，被普通人和许多通俗哲学用滥了，时运
不佳，而且在具有批判精神的思想家的眼里毫无威信。这不是没
有适当理由的。实质的灵魂和其他无法描述的实质和要素遭受相
同的命运。实质和要素毫无例外，都十分贫弱，所以，在衷心探究
的人看来，这两者都不过是名称的花样翻新而已——哪里缺少概
念，就在那里及时地加进一个词。如果你先认为有一个“灵魂”在
起复合的作用，而后说一百个感觉就复合在一起或者一起被认知
了，你对上面这个事实的理解并不比你认为一个人是八十老翁而
210 理解他活了八十年更深刻些，也不比把我们称做是五指人而理解
我们有五个指头更深刻些。灵魂已经用得太多，使人厌烦，这是个
明显的事实。哲学应该根据较不空洞的原理把种种经验统一起
来。像“原因”这个词一样，“灵魂”这个词只是理论上的搪塞之
词——灵魂这个词只表示一个空位，将来有了个解释就会把它填
补起来。

这是休谟以后和康德以后的我们的思想状态。我就不再讨论

灵魂，只考虑剩下来的两难困境。有朝一日，的确，灵魂可以重新得到它在哲学里的得意时期——我是乐意承认这种可能的——灵魂形成一种思想的范畴，对于人类思想非常自然，不经过长期的挣扎是消除不了的。但是，如果对于灵魂的信念，经过休谟和康德这些学派的许多送葬式的批评以后，果真能够死而复生的话，我确信，某一个人在灵魂这个术语里发现一直为人所忽视的实用主义的意义的时候，灵魂的信念还会再现。当这一位拥护灵魂的战士发言的时候，他有朝一日很有可能发言，那就是更加认真考虑灵魂 211
的时候了。

就让我们撇开灵魂，直截了当地讨论我刚才所说的那个剩下的两难困境。一方面，我们能放弃同一性的逻辑吗？——另一方面，我们能够相信人类的经验基本上是无理性的吗？这两方面都不容易做到，可是我们似乎必定要在这两难之中选择其中的一个。

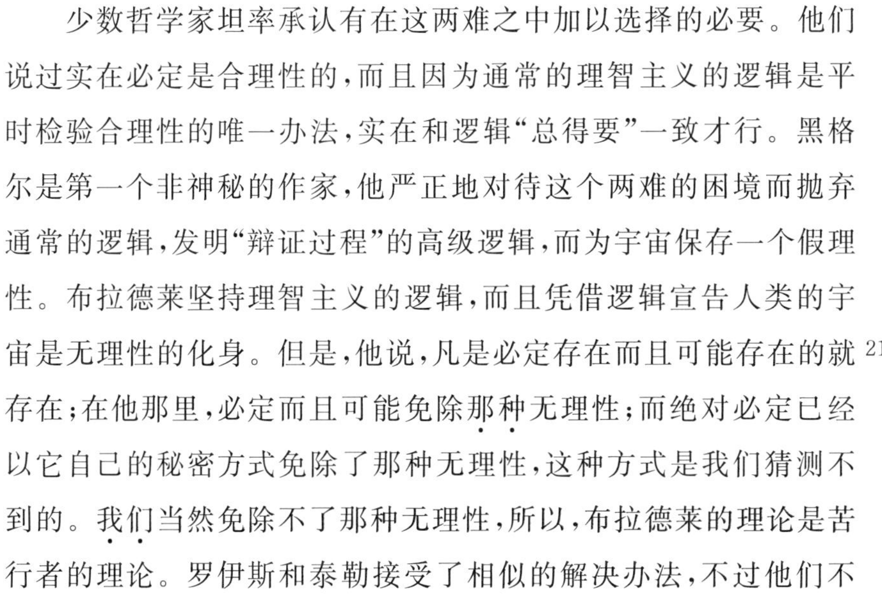

少数哲学家坦率承认有在这两难之中加以选择的必要。他们说过实在必定是合理性的，而且因为通常的理智主义的逻辑是平时检验合理性的唯一办法，实在和逻辑“总得要”一致才行。黑格尔是第一个非神秘的作家，他严正地对待这个两难的困境而抛弃通常的逻辑，发明“辩证过程”的高级逻辑，而为宇宙保存一个假理性。布拉德莱坚持理智主义的逻辑，而且凭借逻辑宣告人类的宇宙是无理性的化身。但是，他说，凡是必定存在而且可能存在的就 212
存在；在他那里，必定而且可能免除那种无理性；而绝对必定已经以它自己的秘密方式免除了那种无理性，这种方式是我们猜测不到的。我们当然免除不了那种无理性，所以，布拉德莱的理论是苦行者的理论。罗伊斯和泰勒接受了相似的解决办法，不过他们不

及布拉德莱那样强调我们有限宇宙的无理性罢了；而特别是罗伊斯（就一个唯心论者而言，他是不同寻常的“厚实”），设法把绝对免除无理性的秘密形式弄得清清楚楚，使我们容易想象。

啊，在这种悲惨的困境中我们该怎么办呢？就我自己而言，我最后不得不完全、断然，而且绝不反悔地**放弃这种逻辑**。逻辑在人类生命中有一种永久的用途，但是这种用途不会使我们在理论上熟悉实在的本质性质——这种本质性质究竟是什么，我在下面就要谈到。实在、生命、经验、具体性、直接性，不管你用什么字眼，都
213 超过我们的逻辑，远非逻辑所能容纳，而把逻辑浸沉于其中。如果你喜欢使用辞藻，歌功颂德，多数人确实如此，徒增混乱而已，你可以说实在服从一种高级逻辑，或者说实在喜欢一种高级的合理性。但是，我认为即使是颂扬的字眼也应当用来把意思分辨清楚，而不是把意思弄得混乱，所以我宁愿直率地把实在称作至少在实在的素质上是非理性的，如果不是无理性的话——而我在这里所说的实在是指事物**发生**在那儿的实在，一概是指时间上的实在，毫无例外。我自己并没有找到有力的证据来怀疑比我们这些有限存在悠游其间的那种弥漫四合、珠联成串、潺潺不绝的实在高一级的任何实在的存在。这正是我们所赋予的那种实在，而且这正是逻辑很不能和它相称的那种实在。如果有任何高级实在的话——例如，“绝对”，——根据相信绝对的那些人的自白，那种实在也仍然不能完全顺从通常的逻辑；那种实在超越逻辑，因此从理智主义的意义上说，那种实在仍然是不够合乎理性的，所以那种实在不能有助于我们使用我们的逻辑来适当地明确存在的意义，订定存在的范围。

214 这些话听起来奇怪难解；如果没有一番解释，这些话听起来十

分莽撞而幼稚。只有我的坚定信念才使我大胆地把这些话作为演讲的一个项目而毫无隐饰地提出来。我要作的这一番解释，如果不能使得你们大家都感到满意，至少要使得你们认为是可以理解的。请把这些话当作是一篇论文，容我以后答辩。

我和你们讲过我长期以来真心诚意地用了全部精力解决这个两难的问题。我现在得坦率地讲（这大概会重新引起你们的兴趣），如果我不是受到一位年轻而又很有创见的法国作家亨利·柏格森教授的影响的话，我现在就不能解放思想，不能以这样轻松的心情轻视逻辑，或者把逻辑从哲学的深处抛到它在人类简单实践之世界里的正当而体面的地位上去。阅读了他的著作，使我胆壮了。如果我没有阅读过柏格森的著作，我大概仍然是一个人偷偷地满纸涂鸦，一页页地写个不停，希望解决那种解决不了的问题，并且力求发现某种设想实在之作用的方式，这种方式会使实在和同一性逻辑里公认的定律密合无间。如果我不因仰仗柏格森的权 215
威而得到信心的话，我决不敢向特别长于批评的在座诸位先生提出我的这些特别见解。这无论如何是确实无疑的。

所以，为了使我的见解容易理解，我必须把柏格森的哲学作初步的介绍。但是，在介绍柏格森的哲学时，正像介绍费希纳的哲学一样，我只能就介绍一般哲学现状所必须说明的特点加以叙述，而一些旁枝细节，无论多么重要，我就不来纠缠你们了。那么，言归正传，柏格森对于哲学的主要贡献是他对理智主义的批评。在我看来，他确实置理智主义于死地而无复苏之望。理智主义自称对实在的性质作了最权威、最本质、最详尽的界说。我不懂理智主义在发挥它这种古老的柏拉图化的作用中怎么能够再度更新。其他

的哲学家,例如康德,已经否定了理智主义用实在本身或者从实在
216 的绝对能力方面来解释实在;但是康德仍然让理智主义制定研究我们人类一切经验的法则,而且这些法则制定以后是没有申诉改变的余地的;而柏格森所否认的是:理智主义的诸多方法能以理智主义的有限性给人类的这种经验以充分的说明。我在下一次演讲里要用我不完善的方式来谈一谈柏格森是怎样做到这一点的;但是,因为我常常使用“逻辑”、“同一性的逻辑”、“理智主义的逻辑”和“理智主义”,而且我有时使用这些字眼好像这些字眼不要作特殊的解释,现在我要花点时间说清楚:当我声称柏格森驳斥过这些术语能决定实在可能或者不可能是什么时,我在什么意思上使用这些术语。所以,在今天的演讲里,我要用余下的时间充分说明我所说的理智主义的意思。

在最近的论战中,许多人因为被说成是理智主义者而愤愤不
217 平。我要把理智主义者这个词作贬义来使用,如果使你生气,我感到遗憾。理智主义有其官能的来源。这种官能赋予我们胜于禽兽的优越能力,也就是,我们具有把我们仅仅是感觉经验的原始之流转化为概念的体系。一个直接的经验,在还没有命名或者归类的时候,仅仅是我们所经历的那个东西(that),也就是问“什么是我?”的一个东西。当我们给它命名并且归类的时候,我们第一次说出它是什么,因而所有这些什么都是些抽象的名称或者概念。每个概念意味着一个特别种类的东西,而且,因为事物似乎是一劳永逸地按种类创造出来的,在我们把点滴经验的所有各种部分归类的时候,我们就更加有效地处理这点经验。一个东西,一旦归类,就能根据这个东西所属的类别的规律来处理它,因而好处无

穷。在理论上和在实际上，这种形成抽象概念的能力是我们人类最崇高的天赋之一。我们经历这些概念的抽象过程以后，就以更多的见解和能力回到具体事物上来。早期的思想家忘记了概念只是人们从世间的事物之流里提炼出来的东西，他们最后却把概念 218
当作一种优越的存在来处理，光辉灿烂，永不变化，真实而有神性，在性质上和混浊不清、永不安宁的低级世界截然相反，这就不足为奇了。低级世界于是看起来只是概念的腐化和歪曲而已。

当苏格拉底和柏拉图教导说，我们是从一个东西的**定义**里知道它真正是什么，理智主义，就其错误的意义而言，就从这时开始了。从苏格拉底以来，哲学家一直教导我们，实在是由诸多本质组成，不是由现象组成，因而我们知道事物的定义就知道事物的本质。所以，我们首先用一个概念来识别这个东西，然后用一个定义来识别这个概念，因而只有在这个东西**就是**这个定义所表达的那种东西时，我们才确信是理解了这个东西的真正本质或者有关这个东西的实际。

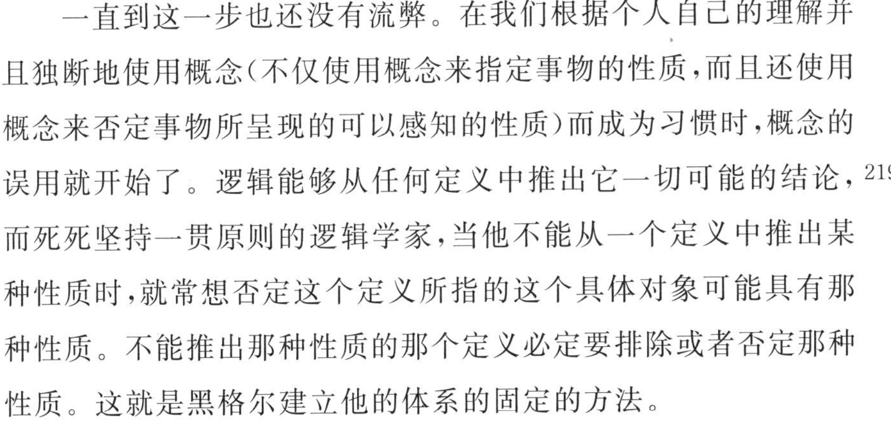

一直到这一步也还没有流弊。在我们根据个人自己的理解并且独断地使用概念（不仅使用概念来指定事物的性质，而且还使用概念来否定事物所呈现的可以感知的性质）而成为习惯时，概念的误用就开始了。逻辑能够从任何定义中推出它一切可能的结论， 219
而死死坚持一贯原则的逻辑学家，当他不能从一个定义中推出某种性质时，就常想否定这个定义所指的这个具体对象可能具有那种性质。不能推出那种性质的那个定义必定要排除或者否定那种性质。这就是黑格尔建立他的体系的固定的方法。

一种有用的习惯做法首先成为方法，然后成为习惯，最后成为暴行，使得这种做法所要达到的目的化为乌有。这是老生常谈，毫不新奇。人们首先使用概念使得事物可以理解。即使概念使得事物不能理解，人们还是死抱住概念不放。这样，结果就成为：你一旦设想诸多事物是“独立的”，你就得接着否定这些事物之间有任何联系的可能，因为联系这个观念并不包含在独立这个定义里。由于相同的理由，你就得否定诸多事物之间有任何可能形式或者方式的统一，因为你开始的时候给诸多事物下的定义是“多”。我
220 们已经大略看到黑格尔和布拉德莱使用这种推理了，而你们会记得西格瓦特的警句：根据这种推理，一个骑手一辈子也不会步行，或者一个照相师只照相而不做其他的事情。

沿着这个方向趋于典型极端的是某些哲学家否定变化的可能性，并且把变化的世界说成是不真实的。A的定义是不变的，所以B的定义也是不变的。这一个定义不能变成那一个定义，所以，一个具体事物A竟然变成另一具体事物B，这个观念被认为和理性相反。布拉德莱先生难以理解糖怎么能甜。理智主义在这种困难当中打败了自己而公开地咬文嚼字。糖就是糖，甜就是甜；糖不是甜，甜也不是糖；而系词“是”也不能认为是在理性上把任何主语和它的谓语联系起来的。诸多事物“之间”没有东西把它们连接起来，因为“之间”正是那第三个事物“之间”，“之间”本身还需要两个
221 更加精微的“之间”来把它自身和第一、第二两件事物连接起来，如此等等，以至于无穷。

从上面冗长的陈述里，我们可以看到，我思想上多年以来不能解决的理智主义的困难是，我不能理解“你的”经验和“我的”经验，根据定义，这两者“本身”是不能相互意识到的，怎么能够同时是一

个世界-经验的诸多部分，所谓世界-经验被明确地解释为它所有的部分都是可以共同意识到的，或者一起被认知的。所有这些定义都是矛盾的，所以所有这些事物，根据这种定义，是无法联合起来的。你们可以明白理智主义在这里似乎把我们最有成就的哲学家的世界弄得多么不易理解。理智主义，不管这些哲学家或者我们使用它，只是使得自然看起来是无理性的，而且似乎是不可能的。

在我的下一次演讲里，我要以柏格森作为我的主要题目，更为具体地叙述一些细节，并且，坦率地放弃理智主义，如果不能把世界，至少把我自己的一般论题，弄得容易理解些。

第六讲　柏格森和他对理智主义的批判

225 我上一次的演讲内容很生硬，然而这一次的演讲恐怕也不会明白晓畅些。进入本题的最好办法是立刻就谈柏格森的哲学，因为我告诉过你们，柏格森的哲学引导我个人抛弃理智主义的方法和这个流行的观念：逻辑是处理能够或者不能够存在的东西的一种适当办法。

就一些有影响的哲学家而言，亨利·柏格森是一个比较年轻的人，1859 年出生于巴黎。他的生涯是一个有成就的法国教授十足惯常的生涯。他二十二岁进高等师范学校，在巴黎和其他地方的公立高级中学教了十七年的书，四十岁就任高等师范学校的教授。自从 1900 年以来，他一直是法兰西学院的教授和法兰西学士院的院士。

226 就表面的事实而言，柏格森的生涯是最为平凡不过的了。泰因(Taine)解释伟大人物的有名原则：*种族*、*环境*，或者*时机*，无论是其中一个原则或者三个原则一起，都不能解释构成他心理特性的那种看待事物的奇特方式。人们的独创能力并不起始于这种能力以前的事物，而其他事物倒起始于这种独创能力。我得承认柏格森的独创能力十分丰富，他的许多思想竟然使我无法理解。我怀疑是否有人完全懂得他；因此，我能确定地说，他自己可能是第一个理会到没有人能够完全懂得他，并且承认他还没有清清楚楚想透的诸多事物必定已被别人谈起过，而且在他的哲学里给予这些事物以暂定的地位的人。我们许多人都是很有独创能力的，因为没有人能够懂得我们——异常奇特的看待事物的方式绝非罕见的事。见解的非常奇特与一切优秀的表达方式之明白晓畅和异常巧妙的运用能力结合在一起，这却是少见的了。柏格森的学识丰 227
富，超凡出众，而他的表达能力又不是常人所可及。在重视讲话艺术并且深信欣赏能力的法国，他立刻得到公众的高度推崇，理由在此。旧式的教授，虽然不满意他的许多思想，但是惊叹他的天才，而成群的少年登门请教，奉之为大师。

如果有什么东西能够使得艰深的事物容易理解的话，那它就是像柏格森的那一种文章风格。一个美国书评家最近把它叫做“直截了当”的风格；这位书评家未能领悟到，这样的直截了当就是语言能力的适应性，语言完全遵从思想，有如绫罗着体，随身而动，既无停滞，亦无顿挫。柏格森的叙事说理，明白晓畅，首先就使得读者入迷。他的风格使你精神恍惚，并且使得你不得不事先就拜倒在他的门墙之下。这种风格是一个奇迹，柏格森是一位真正的魔术大师。

如果我的信息正确，柏格森先生通过数学的门径而进入哲学
的堂奥。我想象，无限这个抽象概念之一切古老的悖论把他的才 228
能从独断的睡梦中唤醒。你们都记得芝诺的关于阿基里斯和乌龟的那个有名的悖论。我们许多逻辑学的书上仍旧把它叫做诡辩术。如果乌龟能够向前走一点点路，而这位行走如飞的阿基里斯就决不能赶上乌龟，更谈不上超过乌龟了；因为空间和时间如果可

以作无限分割(我们有才智的人告诉我们空间和时间必定可以无限分割),在阿基里斯到达乌龟的起点以前,乌龟已经走过那个起点,这样无限地推下去,追赶的人和被追赶的乌龟之间的距离逐渐变得毫无止境地小而又小,但是决不能变得完全没有。揭露这个诡辩的普通方法是指出“决不能赶上”这个说法的含糊不清。“决不”这个词据说是谬误地暗示时间的无限持续;而这个词真正所指的是赶上乌龟所必定包含的分割不尽的步子。但是,如果这些步子是无限地短小,一个有限的时间就足够走完这些无限短小的步
229 子;因此,不管起始的距离有多大,或者这两个不同的速度是什么,实际上这些步子迅速地集中于无限小的短暂时刻里。这些时间的短暂和所需的这些空间的短小之间的比例据说把我们从“决不”这个词所暗示的诡辩里解放出来。

但是这种批评完全没有击中芝诺的要害。芝诺会完全愿意假定,如果乌龟会被赶上的话,乌龟会在例如二十秒之内被赶上,但是芝诺仍旧会坚持乌龟根本不会被赶上。他会说不要管阿基里斯和乌龟吧,这两个赛跑的不必要地把这个事例搞复杂了。姑且用变化的任何一个过程来做例子,姑且用流逝的二十秒来做例子。如果时间可以无限分割,而且根据理智主义的原则,时间必定可作无限分割,那么这二十秒真就不会流逝,也达不到尽头;因为不管这二十秒已经流逝了多少,在剩余的时间,不管多么短,完全流逝以前,剩余时间的前一半必定已先流逝。因此,使得前一半时间首先流逝的这种不断发生的需
230 要,在最后一件事做完以前,总留给时间一些事要做,所以这最后一件事绝做不成功。用朴质的数字来表示,它好像一个收

敛级数$\frac{1}{2}+\frac{1}{4}+\frac{1}{8}$……，这个级数的极限是1。但是这个极限，因为是个极限，是在这个级数之外，这个级数的数值无定限地几近于这个极限，但决不能达到这个极限。如果在自然世界里，除了把事物在逻辑上相牵涉的微小部分这样地连续相加之外，就没有其他方法来理解事物的话，那么完整的单元或者整个的事物就不会产生，因为这些分数的总和总会剩下一个余数。但是大自然实际上并不是先造半个鸡蛋，然后造四分之一个蛋，然后造八分之一个蛋等等，最后把这些部分的蛋加起来而造成整个的蛋。大自然要么是一下子造一整个的蛋，要么根本就不造，她的所有其他单元也是这样造的。因此，只有在变化的领域里，一个事物的一个阶段必定需要在另一个阶段能够出现之前而出现，芝诺的悖论才造成困难。

如此说来，只有在变化的诸多步骤之连续可以作无限分割的条件之下，芝诺的悖论才造成困难。如果一只瓶子要以无限次数 231
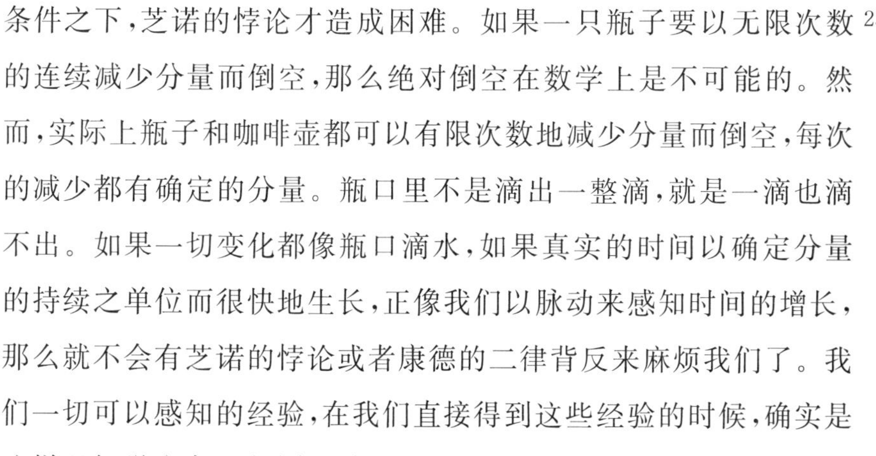
的连续减少分量而倒空，那么绝对倒空在数学上是不可能的。然而，实际上瓶子和咖啡壶都可以有限次数地减少分量而倒空，每次的减少都有确定的分量。瓶口里不是滴出一整滴，就是一滴也滴不出。如果一切变化都像瓶口滴水，如果真实的时间以确定分量的持续之单位而很快地生长，正像我们以脉动来感知时间的增长，那么就不会有芝诺的悖论或者康德的二律背反来麻烦我们了。我们一切可以感知的经验，在我们直接得到这些经验的时候，确实是这样以知觉之各不相同的脉动而变化的，每个脉动使我们不停地说“增加了，增加了，增加了”，或者“减少了，减少了，减少了”，当这些确定的增加量或者减少量使得我们感觉到它们是在增加或者减

少的时候。当陈旧的事物永远停止,而不是在变化的时候,或者当崭新的事物来到的时候,这种各不相同的独特性质就格外明显可
232 见。费希纳的术语"阈限"在知觉心理学里就起了这样的作用。阈限不过是说明我们一切可感知的经验之变化里数量上的独特性的一个方法罢了。我们点点滴滴的得到可感知的经验。时间本身就是点点滴滴发生的。

我们把所感觉到的点滴作观念的分解而成为更加微小的部分,这只是从知觉体系转到概念体系这个伟大转变中的一件小事而已。这在上次演讲里我已经说过。我们的观念分解只不过是为了便于我们合理地说明理智而已。有生命的主体在经验里直接感觉到的各种时间最初没有共同的标准。用柏格森先生的事例之一来说,让一块糖在杯子里溶化。我们在等它完全溶化掉,便感到时间很长,但是谁知道对于这块糖说来是多长或者多短呢?一切被感觉到的各种时间同时存在,而且相互重叠,或者就这样模糊不清地相互渗透,但是人为地把这些共存的时间安排在一个共同的尺度上的办法帮助我们减缓这些时间本来的混乱,而且还帮助我们凭借这个相同的尺度来安排大自然的各种变化可以在感觉上或者概念上分辨出的所有连续的可能的步骤。这样,我们就弄清了这
233 些时间本来的秘密,使它们不再含糊不清,而且我们似乎能够通过相互比较公开地判定事物起始的时间。一个客观而平均流逝的时间,被分割成限定数量的瞬息,这种时间观念作为一种共同的标准,就应用到我们把大自然的所有过程分成所有步骤和阶段,不管这些步骤和阶段有多少。这些过程确定是同时的,或者一个比另一个早些或者晚些,因而我们能够用数学的方法来处理这些过程,

我们说，实际上和理论上都能处理得更好，因为我们把这些过程在共同体系的或者概念的时间尺度上一对一地相互关联起来。

举一个适当的例子。运动本来是一个混乱的感觉。这种感觉的原来样子或许在眩晕现象里保存得最好。我们头昏眼花的时候，觉得事物的运动是存在的，而且多少是剧烈的或者迅速的，多少是朝这个或者那个方向，多少是使人惊慌失措或者使人呕吐不止。但是一个容易感受眩晕的人可以逐渐学会用他自己的位置或者其他事物的位置来调整他所感到的运动，因而可以用理智来推想他所感到的运动，终于能稳步行走。数学头脑相似地以运动本 234
身的方式有系统地安排运动，把运动的逻辑定义写成是：运动被理解为“在时间的逐次连续的瞬息里占据空间上的逐次连续的点”。有了这样一个定义，我们就完全摆脱感官之混乱的一己之私。但是我们不也完全摆脱了感官实在？不管运动真的是什么，它确实不是静止的；但是我们得到的这个定义却是绝对静止的。这个定义给予空间点和时间点之间成套的一对一的关系。这些关系本身和这些点一样，都是固定的。这个定义提供了可以作出无限个可以指定的位置，但是物体怎样从一个位置移到另一个位置，这个定义却没有提到。物体当然是移动过去的；但是这样理解的位置，不管数目怎样的大，并不包括事物移动的因素，所以芝诺在他的讨论里只用位置，他不得不说我们的理智把运动当作一种非实在加以摈弃。理智主义在这一点上，正如我以前所说，使得经验更不容易理解，而不是更加容易理解了。

我们当然需要一个稳定的概念系统，概念之间稳定地相互关 235
联，来掌握我们的经验，并且把我们的经验统统协调起来。如果一

个经验具有充分的特征，显得出色，我们就保存这个经验的思想以备将来采用，并且把它储存在我们的概念体系里。不突出的经验，我们就逐渐把它去掉；所以我们的概念体系就逐渐更加完备，而新的实在产生的时候，我们就用已经建立起来的体系里的这个或者那个原素给予这个新的实在一个名称，并且在概念上串联起来。这样一个抽象体系的不变性是这个体系最大的实际优点；这个体系里相等同的词语和关系总是能够复原而且归类的——变化本身就是这样一个不可改变的概念。但是所有这一切抽象概念只像是采集在一起的鲜花，这些抽象概念只是从时间之流里汲取出来的瞬息，正好像电影摄影机对一个实物照下来的许多镜头，这个实物的本来出现就是继续不断的。这些镜头作为花园的照片样张，或者把它们再放进时间之流里放映出来，或者把它们插进我们的走马灯里，虽然有用，但是这些照片除了这些实际价值之外，毫无价

236 值。你用这些照片不能解释什么是使得任何一个现象存在或者进行下去的——你只能点出这个现象所经过的迹象途径。因为你不能从不连续的事物里造成连续的存在，而且你的诸多概念就是不连续的。你把一个变化分析成为许多阶段，这些阶段是一些状态，而变化本身是在这些状态之间进行的。变化沿着这些状态之间的间隙进行，停留在你的定义所没有包括的地方，因而就根本逃避了概念上的解释。

柏格森写道："数学家在计算一个体系在 t 时期末了的状态的时候，他可以毫无阻碍地假设宇宙偶尔消散了，以便宇宙在新的结构里在适当的时候忽然重新出现。只有那个第 t 次的瞬息是重要的——那个流过所有间隙的，也就是真实的时间，在他的计算里不

起作用……。总而言之，数学家所运算的世界是一个时生时灭的世界，正像笛卡尔说到一个不断的创造时所想到的那种世界。”柏格森坚决主张，要充分知道什么事真正发生了，我们应当理解间隙 237
的性质，但是数学家只理解间隙的两头。他只决定极少的一些计算结果，他画下一个虚线的弧，然后补上一个中项，他用一幅映写图来代替一个实在。

这就是不可否认的真实情况。哲学研讨这个情况的方法的历史是奇妙的。哲学里占有统治地位的传统一直是柏拉图式的和亚里士多德式的信念：固定比变化更为崇高，更有价值。实在必定是一，而且是不可改变的。概念本身是固定不变的东西，概念和真理的固定不变的性质最为相符，所以，要使我们的任何知识十分的真，就必定是由一般概念，而不是由特别经验得来的知识，因为特别经验是不固定的，不可靠的，已为人们所熟知。这就是哲学里的理性主义的传统，而我所称的理智主义只是它的极端应用而已。虽然有怀疑论者和经验主义者，虽然有普罗泰戈拉、休谟和詹姆士·穆勒，理性主义从来没有被人认真地怀疑过，因为批评理性主义最尖锐的人们在心里对于理性主义总怀有一丝柔情，因而都接 238
受它的一些命令。这些批评家并不是前后一致的；他们对于这个敌人时松时紧；而柏格森一个人一直是剧烈的。

为了说明我上面这段话的意思，让我用最近提到过的一些先验论哲学家的方法和柏格森的方法加以对比。这些哲学家生在康德以后，炫耀自己是“长于批评的”，炫耀自己实际上是依据康德的纯粹理性的“批判”。康德的纯粹理性批判所要公开建立的是：概念不能理解实在，只能理解我们的感官提供给概念的这样一些现

象。概念赋予这些现象以不可改变的理智形式,这是真的;但是,终极说来,感官-现象必得来自实在本身,实在本身是我们的理智所永远理解不了的。姑且用运动来做例子。运动显然是由点滴、波动或者脉动而成;或者运动的某一实际的限量被理解了,或者一点限量也不被理解。这个限量就是实在提供给我们理智能力的资
239 料,或者 gabe(与料);但是我们的理智却把这个资料或者与料当作一件大事,或者就把它当作 aufgabe(任务)来做——这个双关语是最使人难忘的康德定则之一——而且我们的理智坚决认为,在运动的每一个脉动里可以确定出无限数目的连续的微小脉动。只要我们耐烦,我们的确能够连续不断地确定,或者无限地计算这些微小的脉动;但是,假定这些微小脉动的无穷级数实际上是由它们自己一个个数出来的,这就会和一个无穷大的定义相矛盾了。芝诺把这一点说得很明白;所以,我们的理智所要求于感官-资料的无限性是结构之一个未来而潜在的无限性,而不是一个过去而实际的无限性。资料既已成为资料以后,必定能够被我们的概念作用作无限的分解,但是我们对于这个结构实际上得以构成的步骤一无所知。总而言之,我们的理智对于经验得以形成的过程无所启示。

康德的一元论的继承人一般发现直接经验的资料,如果作理
240 智的研究,比康德所发现的还要自相矛盾。不仅各种经验的资料和它们的"诸多条件"的关系上所牵涉到的无限性的特点,而且,一旦理智主义的狂热袭击到这些继承人身上,经验的事物必定是相互关联的这个观念,在这些继承人看来,好像是充满了悖论和矛盾。在上一次演讲里,我们从黑格尔、布拉德莱、罗伊斯以及其他

的人那里看到很多这种事例。我们也看到这些哲学家在哪一点上
寻求办法来解决这样一种不能容忍的事物状态。康德曾经把他的
解决办法放在我们的经验之外和我们的经验**之前**，放在作为经验
之一切原因的物自体里，而他的一元论的继承人不是在经验**以后**，
作为经验的绝对完成去追寻这种解决办法，就是认为它作为经验
的理想含义而蕴含在经验之中。总而言之，康德和他的继承人正
好从相反的方向来看待这个问题。康德把有神论吸收到他的体系
里，但是不要误解。康德的上帝是基督教通常的二元论的上帝，康
德的哲学只是容纳了这种上帝；康德的上帝和康德的继承人所说 241
的"绝对精神"毫无共同之处。就这种绝对精神是在逻辑上从康德
引申出来而言，它不是从他的上帝，而是从他的哲学里完全不同的
诸多原素引申而来。首先是从他的这个观念而来：任何经验的诸
多条件之未加制约的总体必定是可以指定的；而且还从他的另一
个观念而来：某个见证的出现，或者统觉的自我的出现是所讨论的
一切条件里最为普遍的条件。后康德学派把见证条件理解为一个
具体的普遍概念，也就是一个特殊化了的总见证或者世界自我，这
个具体的普遍概念在它的理性结构里蕴含着其他一切条件的总
和，因此使得一切被制约的经验成为必要。

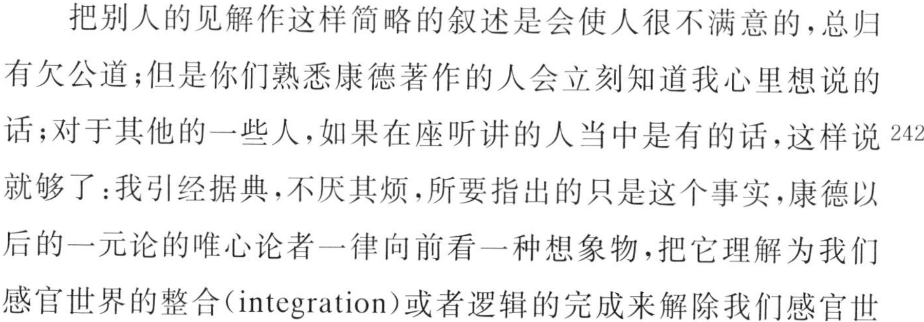

把别人的见解作这样简略的叙述是会使人很不满意的，总归
有欠公道；但是你们熟悉康德著作的人会立刻知道我心里想说的
话；对于其他的一些人，如果在座听讲的人当中是有的话，这样说 242
就够了：我引经据典，不厌其烦，所要指出的只是这个事实，康德以
后的一元论的唯心论者一律向前看一种想象物，把它理解为我们
感官世界的整合(integration)或者逻辑的完成来解除我们感官世

界所想象的矛盾，而康德向后看非理性的物自体，把它理解为感官世界的原因。多元论的经验主义者，在另一方面，停留在感官世界里，或者是天真地并且因为他们忽视理智主义的矛盾，或者因为他们不能忽视这些矛盾，他们认为他们能卓越地运用理智主义的逻辑来驳斥这些矛盾。这样，约翰·穆勒就自以为驳斥了阿基里斯-乌龟的谬误。

这里值得注意的要点是理智主义的逻辑。这两个方面都把它当作是可信的，但是两方面都反复无常：绝对主义者用理智主义逻辑的手段来攻击感官世界，经验主义者则用来攻击绝对，因为他们说绝对是一切逻辑矛盾的实质。这两方面都不一致。黑格尔学派
243 不得不乞求一个高级逻辑来替代他们最初逻辑的纯粹毁灭性的效果。经验主义者使用他们的逻辑反对绝对，但是不肯运用他们的逻辑来反对有限经验。每个方面使用逻辑，或者不使用逻辑来配合各自所信仰的见解，但是双方都不在原则上攻击逻辑在理论上的普遍权威。

只有柏格森一个人在原则上责难逻辑在理论上的普遍权威。只有他一个人否认仅仅是概念的逻辑就能告诉我们在存在的世界或者事实的世界里，什么是不可能的或者可能的；而且他否认这些是因为，既可建立逻辑具有无可争议的统治权的广大而确定的势力范围，同时又可排除逻辑统治整个生命的权威。柏格森的原文，措辞精当，内容繁多，不能全部引用，所以我必定要用我自己的拙劣词句来解释我要说的意思。

第一，逻辑主要是提出诸多概念本身之间的关系，其次要，或
244 者就自然事实已经用概念来识别并且用概念来下定义而言，才是

提出诸多自然事实之间的关系。逻辑当然随着概念方法的优劣而有所成败。但是概念的方法是一种转换，生命之流在我们的手上经受转换主要是为了实际的利益，其次才是为了理论的利益。一位丹麦作家说：我们向前生活，我们向后理解。用概念来理解生命就是捉住生命的动态，正好像用剪刀把生命剪成许多小块，并且把这些小块定死在我们的逻辑标本室里。我们把这些小块比作是干燥了的标本，我们就能够确定哪几个标本，从静态上看，包括或者排除另外哪几个标本。这种处理办法假定生命本身已经完成，因为一切概念，既然是根据事实而得到的许多看法，都是回顾已往，事后检查。可是我们可以从概念得出结论，并且把概念投射到将来。我们不能从概念获知生命过去是怎样持续的，或者生命将来要怎样持续下去；但是，假定生命持续的诸多方式不变，我们就能计算出生命在以后的一定条件下会显示出来的想象之中所捉住的是些什么位置。例如，我们能够计算出在第二十秒之末，阿基里斯 245
在哪一点上，而乌龟又在哪里。阿基里斯可能远在〔乌龟〕之前的一点上；但他实际上怎么会走到那里的，我们的逻辑却决不给我们提供充分的详情——真的，我们已经看到了逻辑发现逻辑的结果和大自然的一切事实相矛盾。其他一切科学所作的计算和数学所作的计算在各个方面没有不同。所用的一切概念都是些点，通过这些点，用内检法或者外检法，可以画成一些弧线，而这些弧线上其他的点便被认为是结果。逻辑近来日渐精密，根本不用弧线，而且只是研讨一切的点以及这些点在各种系列里一对一的对应部分。作出这些改进的逻辑学家明白地告诉我们，他们的目的是消除推理领域里的直觉的最后痕迹，也就是具体实在的痕迹。那么，

推理就真正地对于心理上的点或者论述的抽象单元发生影响，并且还对于这些心理上的点可能被联串在毫无遮盖的系列里的方式
246 发生影响。

这些说法是很神秘的，而我自己对于这些说法的理解很可能是不正确的。我在这里向了解柏格森的人们只是简要地提一下而已。对于我们其余的人，认识这个事实就够了：虽然我们依靠从过去的可感知之流里划出来的概念，能够再落到未来的可感知之流里去，而且我们再划出一个概念，就能够说出在这里有可能发现什么特别的事情；而且，虽然从这个意思上说，概念给予我们以知识，并且概念可以说是具有某种理论价值（特别是如果这个预先说出的具体事物是我们当下没有实际兴趣的事物）；可是从给予**领悟**这个更深的意思上说，概念没有理论价值，因为概念不能把我们和可感知之流的内在生命联系起来，或者和控制可感知之流的方向的一切原因联系起来。概念不能解释实在，概念根本就否定了实在的本质。概念使得关于有限事物之间因果影响的整个观念不可理解。如果我们根据概念的逻辑，就得不到真正的活动以及任何种
247 类的真正联系；因为按照我所说的理智主义，可以辨别就是不能联系。芝诺所起始，而为休谟、康德、赫尔巴特、黑格尔、布拉德莱所继续的有关矛盾的讨论，一直要等到可感知的实在在“理性”前面完全解体，才能停止。

关于理智打算用来代替可感知的实在的那种“绝对”实在，我在这里还要再说几句。同时你们懂得柏格森教授究竟为什么要坚持理智的功能是实用的而不是理论的。可感知的实在具体得不能完全处理——看一看任何动物在可感知的实在里所能兜来兜去的

狭小范围，虽然它完全生活在这个范围里。要在可感知的实在里，
从一点走到另外一点，我们不得不披荆斩棘，跋山涉水，走过这两
点之间整个的不能忍受的距离。我们必得历尽艰辛；它像阿瑟港
带刺的铁丝网一样缠人，因而我们就在这个过程当中衰老而死亡。
但是我们有了能抽象出概念并且把概念固定下来的官能，我们在
片刻之间就能从某一点到另外一点，几乎好像是我们在三维空间 248
之外又控制了一个第四维，好像凭借一种神奇的快速能力跳过这
两点之间的各点，而且不和任何具体关系发生瓜葛而准确达到我
们要达到的地方。我们实际上是把实在控制在我们的诸多概念体
系里，以便更好地驱使实在。这个过程是实际的，因为我们所要达
到的一切终点都是特殊的终点，即使这些终点是些心理上的事实。
但是运用概念的方法大为成功的一切科学都是空间的和物质的科
学，这些科学研讨外在事物的一切转换。要在概念上研讨道德的
事实，我们首先要变换这些事实，用脑子里的图像或者具体的比喻
来代替，把观念当作是原子，把利益当作是机械的力，把我们有意
识的“自我”当作“水流”等等来处理。柏格森说得好，如果我们的
理智生活不是实用的而是注定了要显示内在本性的话，这是多荒
谬的结果！人们就会假定，我们的理智生活在它的理智现实的领
域之中会觉得最为自在。但是，正是在理智现实的领域里，理智生
活已经无能为力了。我们只是在知觉上认识我们精神的内部运 249
动。我们深深地感觉到这些运动活生生地存在在我们的身上，但
是我们不能明确地说出它们的原素，也不能确定地预测它们的未
来；而存在于空间世界里的事物，也就是我们真正能够处理的那种
事物，才是我们的理智处理得最为成功的事物。这不就使我们坚

决相信这个看法吗？——我们的理智生活之本来的而且仍在活动着的功能就是在于引导我们把我们的希望和活动作实际的适应。

人们在这一点上很容易陷入语言的混乱，而我自己从“实用主义”所得到的经验使我因为“实用的”这个词所含有的危险而退缩不前，而决不会因为这个词而坚决反对你们，我宁愿采取与柏格森教授不同的主张，并且宁愿赋予我们的理智一个主要是理论的功能，如果你们同意把“理论的”或者科学的知识和多数哲学家所追求的更为深刻的“思辨的”知识严格区分开来，而且如果你们承认，
250 理论的知识，也就是**关于**事物的知识，不同于对于事物有生动或有好感的了解，理论的知识只牵涉到实在之外层的表面。[1] 理论知识在这个意义上所覆盖的表面在范围上的确是很广的；理论知识可以用它创造出来的概念散布在空间和时间的整个直径上；但是它一点也不能深入这个坚实的维（dimension）。实在的这个内部的维被使得实在继续存在下去的**诸多活动**所占据，但是，从休谟、康德这一帮人看来，理智不得不否认，并且继续不断地否认，活动具有任何可以理解的存在。他们说，代表**思想**而存在的最多不过是我们在幻觉上把仅仅陈述诸多共同存在和连续发生的事情的自然规律说成是这样一些活动的结果，这些结果被结合规则联串在空间和时间的诸多表面上。[1]

这样，思想只处理诸多表面。思想能给实在的厚实性（thickness）以名称，但它不能测其深浅，而且它在这里的不足之处是本质的、永久的，而不是暂时的。

251 理解实在之厚实性的唯一办法，或者是依靠一个人的自我成为实在的一部分来直接体会其深浅，或者是以同情的心肠推测另

外某个人的内心生活而在想象当中激发出它的厚实性来。但是我们这样直接经验到的，或者具体推测到的在持续的时间上是很有限的，而在观念上我们能够想象无限的时间。如果我们能够像我们现在感觉短促的一分钟那样感觉一百万年的话，那么我们就用不到我们的概念能力了。我们会在一段时间的每个瞬息上充分知道这个整段的时间，而我们现在却要用我们设计出来的概念吃力地构成这段时间。所以，直接的了解和概念的知识是相辅相成的；每一方面补救另一方面的缺点。如果我们最为关心的是粗略地处理现象，见得到遥远的事物，并且搜集起星散的相似事物，那么我们必定要用概念的方法。但是，如果我们作为形而上学家，对于实在之内在的性质，或者对于使得实在真正起作用的东西，希望知道得多一些，我们就必定要根本不管我们的这些卓越的概念，并且专心研究这些短促瞬息的厚实性，这些瞬息在厚实性之表面上飞越 252
而过，并且有时在这个表面的诸多特殊点上栖息下来。

柏格森教授就这样把传统的柏拉图的学说绝对地颠倒过来了。他不认为理智的知识是深刻的知识，而认为是更加肤浅的知识。理智的知识不是唯一充分的知识，而是很不充分的知识，但是理智知识的唯一优越性是实用的优越性，使得我们能够在经验里取得捷径，从而节省时间。理智知识所不能做的唯一的事是显示事物的本性——上面这句话如果还不清楚，我在下面会把它说清楚些。柏格森告诉我们：如果你想知道实在的话，就再冲进可感知之流，转向感觉。柏拉图主义有个奇怪的信念：只有不变的事物才是极好的，因而它一向冷眼拒绝可感知之流；而感觉又是理性主义大肆攻击的那种有血有肉的东西。——你们看得出，柏格森的这

种观点正是我们当代唯心论哲学家们所提出的那种与向前窥视绝对相反的补救办法。这种办法违背我们的心理习惯。它是一种被
253 动的、接受性的倾听，和我们通常对于每一事物的反应都是大喊大叫、唇焦舌敝的那种理智态度完全相反。

那么，知觉之流的一些什么特点是在概念的转变中被遗漏掉的呢？

生命的本质就在于生命继续在变化着的特质；但是我们的概念都是断续而且固定了的，因而使得概念符合于生命的唯一办法是任意地假定生命被捉住的状况。有了这些捉住，我们的概念可以变成是适合的了。但是这些概念并不是实在的诸多部分，并不是实在所取得的真实状况，而是诸多假定罢了，只是我们自己所作的标记，因此你不能用概念来探究实在的实质，正好像，不管网眼多么细密，你不能用网来取水一样。

在我们形成概念的时候，我们截去一段，加以安排，只留下我们所要安排的而排除其余的一切。一个概念就是一个那个而不是
254 其他的东西。在概念上，时间排除空间；运动排除静止；静止排除运动；接近排除接触；存在排除不在；单一排除众多；独立排除相对；“我的”排除“你的”；这个联系排除那个联系——等等以至于无穷；而在生命之真正、具体、可感知之流里，经验相互渗透，竟然不容易知道什么被排除，什么没有被排除。例如，过去和未来，在概念上被我们叫做现在的这一刀切开，并且得到一个定义，被说成是现在这一刀切开的两个相对置的方面。过去和未来，在某种程度上，不管多么短暂，在整个经验里是相互共现的。真正是现在的片刻是一种纯语言的假定，不是一个状况；具体实现过的唯一现在是

“短促的片刻”，在这个短促的片刻里，时间的向后消失和时间的起始的未来永远相交。说一声“现在”，即使当你说这一声现在的同时，它已经成了**过去**。

使得真正的运动不可理解的就是理智主义企图用静态的切割来代替被经验到的期间之单位。阿基里斯和乌龟之间距离的前一
半这个概念排除后一半这个概念，因此在后一半走完之前要先走 255
完前一半，这个数学上的必然条件永远阻止后一半的走完。同时，活生生的阿基里斯（为了讨论的方便，他只是一个动力现象的抽象名称，正像乌龟是另一动力现象的名称一样）并不违背逻辑。他的动作的速度是这些动作的一个不可分割的性质，正像一个被压缩的弹簧里的扩张应力一样。我们在概念上把速度的定义写作 s/t，但是 s 和 t 都不过是根据事实而得来的人为的切割，而且我们把阿基里斯和乌龟这两个切割当作是“客观的”空间和时间里的两个相同的片断的时候，s 和 t 的确是最人为不过的了，因为乌龟所内在地生活着的那些被经验到的空间和时间大概和它的速度一样不同于阿基里斯所内在地生活着那些被经验到的空间和时间。阿基里斯动力是一个具体的事实，而且把空间、时间和超过乌龟的移动都不可分割地包括在这个事实里。阿基里斯在跑的时候，并不
知觉到数学家的均匀的时间和空间，并不知觉到时间和空间里无 256
穷数量的连续的切割，或者时间和空间的体系。终点和起点，对他说来，是一冲而至，而他所实际经验到的是，在他自己极度努力之中，他的对手实际上是被丢在后面了。

我们从来拘泥于把生命作概念上的分解，我知道这些话在你们看来好像是用最不清楚的混乱来代替最清楚的思想，并且好像

退化到软体动物的思想状态。可是我问你，如果我们的高级思想不能完成感官经验十分容易完成的事情，我们的高级思想的绝对优越性是否是十分清楚的呢？

使得你们把真正的生命叫做混乱的是：真正的生命呈现出许多互不相同的东西，好像这些东西溶解在一起，概念把这些不同的东西拆散开来而打断生命之流。但是互不相同的东西实际上不是溶解在一起的吗？每一点滴的经验没有它的质量、它的延续性、它的广袤性、它的强度、它的紧急性、它的清晰性，以及其他的许多方面吗？我们用语言表达出来的逻辑把这些特点孤立起来。没有一
257 个特点能够孤立地存在(exist)。这些特点只是通过相互统一而存在。用柏格森先生的话说，实在永远是一种渗透，或者是同和异的合流：同和异相互渗透而叠嵌在一起。就概念的逻辑说，相同就是相同，而且和第三个事物相同的一切相同的事物相互之间都是相同的。但在具体经验里并不如此。我们皮肤上的两个定点摸起来是互不相同的，其中任何一点和第三定点在一起被接触的时候却引起相同的感觉。两个音调都和第三个音调没有分别，但是这两个音调完全是可以相互区别出来的。生命的整个过程应归因于生命不遵守我们的逻辑公理。姑且用生命的延续性来做例子。像 A 和 C 这两项看起来是由一些中项，例如 B，连接起来的。理智主义认为这是荒唐的，因为“B 和 A 相连接”“本身”是和“B 和 C 相连接”不相同的一项。但是真正的生命对于逻辑的否决都一笑了之。假想一块要两个人抬的沉重木头。最初 A 和 B 抬它。然后 C 来抬而 A 退出；然后 D 来抬而 B 退出，结果是 C 和 D 在抬这块木
258 头；如此等等。在这个期间，木头一直是有人抬的，而且一路上保

持它的同一性(sameness)。我们的一切经验也是如此。经验的诸多变化不是完全毁灭,接着是某种绝对新颖的东西完全新创出来的许多东西。有部分的凋谢和部分的生长,因而一直是有一个相对守常的核心,凋谢的从这个核心脱落,嫁接的就由这个核心吸收,一直等到最后产生了某种完全不同的东西。虽然理智主义的逻辑有它的诸多“本身”,在这样的一个过程中,我们可以确定的是,能够连接失去的,并且也能够连接新生的,正是这同一个核心,正好像我们能够确定:相交的许多不同的线相交于同一点上,而这个点又是在这些相交的许多线上。这样的一个宇宙并非彻头彻尾地是单一的(one),而是相连续的。这个宇宙的各个部分和它邻近的部分在多重方向里紧密交叉,因而这些部分之间无论哪里都没有明显的分界。

理智主义的逻辑和可感知的经验之最大的冲突在于这种经验是产生了影响的经验这一点上。理智主义否认(我们在第二章里
已经见到)有限事物能够相互作用,因为一切事物,一旦转变成为 259
概念,就都密封不动了。对于任何事物起作用的意思是,以某种方式影响这个事物;但是这就等于脱离了事物的自我而成为这个事物的他物,这是自相矛盾的,等等。同时,我们每个人在这个程度上实际是自己的他物,都神气活现地知道怎么做出逻辑告诉我们是做不到的那个玩意儿。我的思想使得你们所看到听到的我的这个身体富有生气并且激起行动,从而影响你们的思想。动力之流总是确实从我这里传到你们那里,不管这中间的传导体可能要多得不知其数。轻微的差别在逻辑里可以尽量成为绝缘体,但是生命里各有特点的事物能够而且的确时时刻刻共同相互沟通。

这两种认知方法的冲突用理智主义的原则最能总结出来:“同一事物不能存在(exist)于许多关系之中。”这个原则当然是从这些概念来的:这两个关系如此有别,以致“存在于某一事物里的东西”
260 竟然意味着某一事物“本身”和“存在于另一事物里的东西”的意思大有分别。这正像约翰·穆勒的那句讽刺的话,我们不能把牛顿既当作是一个英国人,又当作是一个数学家,因为一个英国人本身不是一个数学家,而一个数学家本身不是一个英国人。但是真实的牛顿却总是同时既是英国人又是数学家;而且在整个的有限宇宙里,每个真实的事物,不必把它自己分成许多不相联系的东西,它本身就是许多不同的东西。

这些少数的说明或许足够使你们知道柏格森的观点了。生命的直接经验解决了我们的概念智力无法回答的问题:众多的怎么能够是单一的?事物怎么会由事物本身而来?又怎么会成为它们自己的他物?怎么会既是各不相同而又相互联系?它们怎么会相互作用?怎么是为了他物而又是为了它们自己?怎么会同时既是不存在而又存在?理智要问这些问题,正好像我们或许要问:任何事物怎么既能分离又能联合许多事物,或者声音怎么会由于逐渐
261 变得不同而逐渐变得更加相同。如果你已经在感性上认知了空间,你只要指着空间里的任何间隔,不管长和短,就能回答前一个问题;如果你懂得音阶,你只要发出全音阶的八个音调,就能回答后一个问题;但是你首先必定具有这些现实的感性知识。相似地,柏格森是这样解答这些理智主义的难题的:他回过来指着我们各种有限的感觉经验说,“看啊!就是这样;这些其他的问题也是这样生动地得到解决的!”

如果你已经把实在分割成为诸多概念，你决不能按照实在的整体性重新建立实在。你决不能用任何一点点分散性制造出具体的东西来。但是，正如柏格森先生所说，你自己一跳就直接跳进真实事物之活跃的、移动的、活泼的厚实性里，你就得到一切的抽象观念和区别特点：你就能尽情地造出代替理智主义的东西。例如你将自己置于现象的运动之中，那么你就会得到速度、连续、日期、位置，以及无数的其他事物。但是只有诸多日期和位置之抽象的 262
连续，你决不能把运动本身拼凑出来。运动在这些日期和位置的间隙里滑掉，因而就没有运动了。

每个具体的事物，不管多么复杂，也是如此。我们对具体事物的理智处理是一种回顾性的拼凑，是一种事后的剖析，因而能够依从我们认为最为方便的次序。只要我们高兴，我们能够使得这个具体事物似乎是自相矛盾的。但是把你自己放在这个事物的内部活动(doing)的观点上，那么这些回顾既往、而且相互冲突的概念作用就和谐地在你的掌握之中了。用富有生气的同情心，抓住一个人的扩展中心，柏格森把人的这个中心叫做一个人的生命的飞跃(élan vital)，那么你立刻就懂得这个生命的飞跃怎样使得那些从外面来理解它的人用这样一些分歧的方式来解释它了。接触了各种不同的环境，它可以分而成为诚实和欺诈，勇敢和胆怯，愚蠢和洞察，因而你就准确地感到它为什么而且怎样会这样分成的，而且你决不想稳定地用这些单一的抽象概念中的任何一个概念来识别它。这只有你们的理智主义者才这样做，——而且你们现在也感觉到为什么理智主义者必定要这样一直做到底。 263

同样，如果你把自己放在一个人的哲学见解的中心，你就会立

刻理解这个中心使他写出或者说出的所有各种东西。但是，如果你停留在外面，运用你的事后剖析法，试图用单一的词句建立起他的哲学，先用一个词，然后再用一个词，并且设法使得这些词句配合得上，那么，你当然失败。你在他的哲学见解上爬行，就像一个患近视眼的蚂蚁在一座房子上爬行一样，跌进每个微小的裂缝，只是发现前后不一致，却从没想到有一个中心存在。我希望你们在座的某些哲学家有时或许已经把和这类理智主义的批评不相同的东西应用到你们自己的著作里去了！

真实存在(exist)的不是诸多已经形成的事物，而是在形成之中的诸多事物。这些事物，一旦形成，就死掉了，因此有无限数量可供选择的从概念上分解出来的东西能够用来给这些事物下定义。但是，用一点对于这个事物的直觉的同情心，把你自己放在形
264 成之中，你就可以立刻得到一整套可能分解出来的东西，你就不再为这些东西里的哪一个是更为绝对地真实这个问题而烦恼了。实在在经过概念的分析时就凋敝了；实在在过它未曾分割的生活时就增长——实在萌芽而抽枝，变化而且创生。你一旦采取任何已知事例里的这种生命之运动，那么你就懂得柏格森所说的“实在的生成”(devenir réel)，事物借着它演进和生长。哲学应当寻求对于实在之运动的这种活生生的理解而不应当追随科学，徒然无效地把实在之死板结果的片段拼凑在一起。

上面所说的柏格森先生的哲学的这些内容，对于我们这几次介绍哲学现状的演讲，是足够的了，所以，他的哲学里的其余特点，虽然有创见而且值得注意，我就不多谈了。你们可以说，而且无疑地你们有几位心里正在说，他要我们这样地回到感觉只是一个退

步，只是回到格林以来的你们自己的唯心论者久已埋葬了的极端粗糙的经验主义。我承认柏格森的哲学的确是回到经验主义，但是我认为以这样有成就的形态回到经验主义只是证明经验主义是 265
不朽的真理。不甘于被埋葬的东西必定有些真正的生命。太初有行；事实第一；我们一切经过概念处理的东西只是次于事物的不适当的二等品，决不与事实等值。在我阅读晚近的先验论著作的时候——我必须把我的同事罗伊斯部分地排除在外！——我觉得这些著作就像一匹疲惫的老马在马槽空空的马厩里踏步不已，大声咀嚼，搔爬地面，然后恢复原状，除此之外，我一无所得。这些著作反复陈述那少数几个破烂的范畴，提出相同的反对意见，主张相同的答案和解决方法，从来也见不到新的事实或者新的眼界。但是打开柏格森的著作，在每一页上你都遇到诸多新颖的眼界。他的著作就像清晨的浮香，又如好鸟嘤鸣。他的著作说出实在本身，而不是复述脑筋蒙上了灰尘的教授们论述以前的其他教授已经想到过的东西。柏格森的哲学是崭新的，而且是首创的。

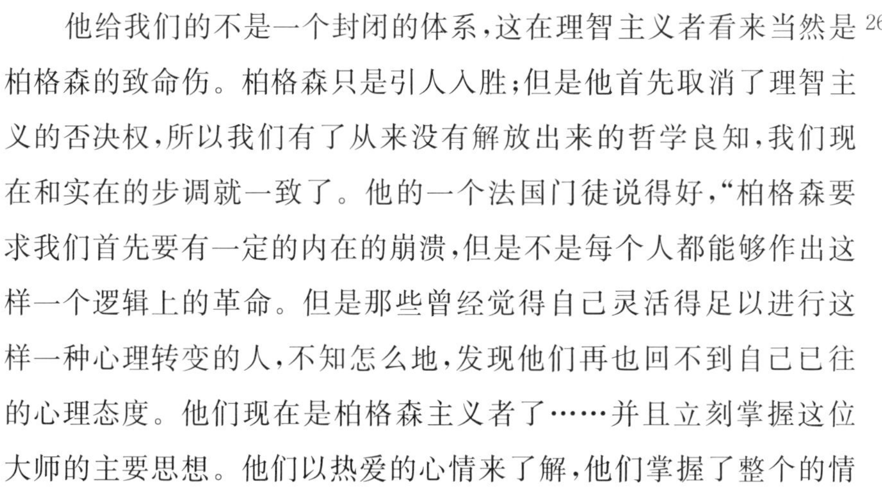

他给我们的不是一个封闭的体系，这在理智主义者看来当然是 266
柏格森的致命伤。柏格森只是引人入胜；但是他首先取消了理智主义的否决权，所以我们有了从来没有解放出来的哲学良知，我们现在和实在的步调就一致了。他的一个法国门徒说得好，“柏格森要求我们首先要有一定的内在的崩溃，但是不是每个人都能够作出这样一个逻辑上的革命。但是那些曾经觉得自己灵活得足以进行这样一种心理转变的人，不知怎么地，发现他们再也回不到自己已往的心理态度。他们现在是柏格森主义者了……并且立刻掌握这位大师的主要思想。他们以热爱的心情来了解，他们掌握了整个的情

调，并且从此能够安闲地赞赏柏格森的独创见解、丰富成果，和富于想象的天赋。柏格森运用这些才能，和谐地配合他的风格和辩证
267 法，以千变万化的方式发展、调换、并且变化他独创的主题。”[2]

上面这些，分量虽然不多，就是我在这次演讲里关于柏格森的哲学所要说的话——我希望这些话可以引导你们一些人去读他的原著。我现在就要回过头来谈谈我认为需要求助于他的思想的地方。你们记得在上次演讲里我自己的诸多理智主义上的困难：许多分离的意识怎么能够同时成为一个集合在一起的东西。我上次问过，如果经验的完全同一的内容本身是唯一的感觉者，那么这个感觉者又怎么就这样性质不同地被感觉到？——根据唯心论的原则，存在(esse)就是被感知。我说过，用“本身”这种通常的逃避办法在这里对于我们没有帮助，如果我们是彻底的理智主义者的话，因为绝对主义者主张，合在一起的现象本身不是分散开来的现象，作为众多的世界不是作为单一的世界。如果我们拘泥于休谟的原则——后来的理智主义者把这个原则运用得很好——不管什么分辨清楚了的事物都好像这些事物之间没有联系一样的分散得开，那么，除了根本离开经验并且祈求诸多不同的精神动因，自我或者
268 灵魂来实现所需要的分歧性之外，似乎就没有解决这个困难的办法了。但是我不能够接受这种用“经院实体”来解决困难的办法，正如泛神论的唯心论者不能接受这个办法一样。

可是，再引用费希纳的话，“实际的(actual)(发生的或存在的)不会是不可能的”，因而在我们生活的每个片刻里都是实际的东西正是我现在要提醒你们注意的那种东西。你能够在一个经验场里，或者可以说以并存意识的形式，听到电流开关振动的声音，

闻到臭氧，看见火花，并且觉得害怕。但是你也能够不理其他的种种感觉，只接受其中的一个感觉。如果你闭上眼睛，捏住鼻子，然后放开你的手，你只能得到声音的感觉，但是现在这个感觉似乎仍旧是刚才的那个感觉；如果你恢复其他器官的作用，声音就和触觉、视觉以及嗅觉又合并起来了。讨论上面这一切[3]的自然办法是，说某些感觉在一个共同的意识场，时而是单独地，时而是和其 269
他感觉合并在一起被经验到。注意力的多寡强弱产生类似的结果。我们改变我们的注意力来接受或者撇开一个感觉；而且相似地，我们存心记住或者忘却一件事情。〔请你们在这里不要问这些变化是怎样**发生的**。直接条件大概在每一个事例里都是和大脑有关的，但是现在考虑这个条件恐怕并不切题，因为我们现在只是想到结果，因此我重说一遍，想到这些结果的自然办法正是理智主义的批评认为十分荒谬的。〕

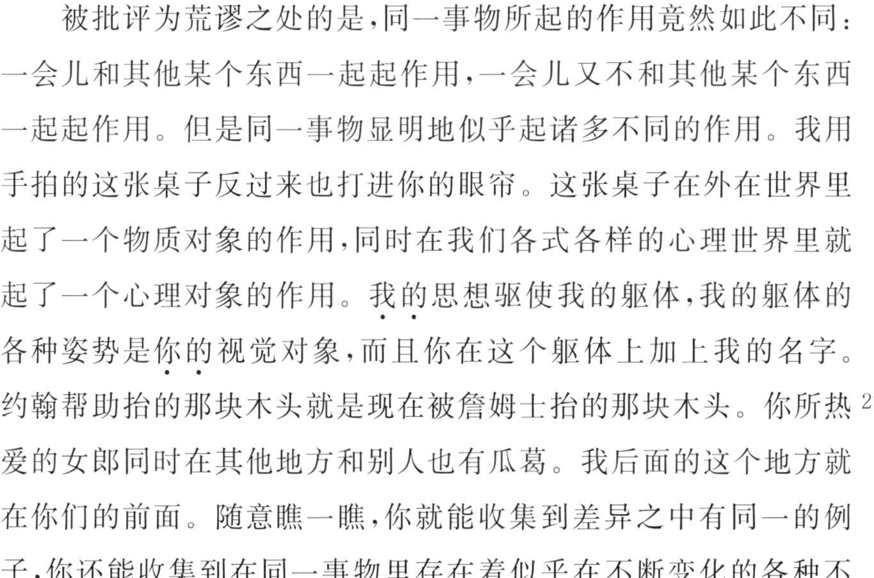

被批评为荒谬之处的是，同一事物所起的作用竟然如此不同：一会儿和其他某个东西一起起作用，一会儿又不和其他某个东西一起起作用。但是同一事物显明地似乎起诸多不同的作用。我用手拍的这张桌子反过来也打进你的眼帘。这张桌子在外在世界里起了一个物质对象的作用，同时在我们各式各样的心理世界里就起了一个心理对象的作用。**我的**思想驱使我的躯体，我的躯体的各种姿势是**你的**视觉对象，而且你在这个躯体上加上我的名字。约翰帮助抬的那块木头就是现在被詹姆士抬的那块木头。你所热 270
爱的女郎同时在其他地方和别人也有瓜葛。我后面的这个地方就在你们的前面。随意瞧一瞧，你就能收集到差异之中有同一的例子，你还能收集到在同一事物里存在着似乎在不断变化的各种不

同关系的例子。像这个的一个经验和像那个的一个经验是不相同的，这对得很；但是像这、像那的两个“像”都是我们对于经验的残余部分事后用概念所捉住的东西，而在每个事物的感觉直接性上，每个事物同时又都是它立刻全然所是的任何各种不同的事物。它在C之前，又在B之后；离你远，而靠我近；没有这个随伴的东西，而有那个随伴的东西；既主动又被动；既是物质的又是心理的；既是由一些部分组成的整体，又是一个高级整体的部分；一切都同时发生，而且互不干扰，也不需要把它的存在翻一倍，只要我们保持着我称之为“直接”的那种观点。我们用这种观点顺从我们感觉生活里的继续性，而且整个活的语言都遵从这种观点。只有在你想要——继续用黑格尔的词汇——“调解”直接的东西，或者用概念
271 来代替感觉生活的时候，理智主义才庆祝它的胜利，所有这种毫无阻碍的有限经验之内在的自我矛盾性才得到了证明。

创造一个多余的概念对象，把它叫做绝对来补救这种内在的自我矛盾性，你就把一切相同的矛盾塞到这个绝对里面去，矛盾丝毫也没有减轻。我在下一次演讲里还要谈谈这件古怪的事。绝对据说是因为把它的他物吸收进去而立了大功。但是，这正好和感觉之流的每一小块通过与它附近的一些小块的结合而把它们吸收进去一样。这正是我们所说的感觉之流的可感知的连续性的意思。**感觉之流**里没有一个元素把它自己和其他任何元素分割开来，而概念却把它们自己和概念分割开来。**感觉之流**里没有一个部分小得不成为一个众流汇合之所。感觉之流里没一个部分不是和它的邻近的诸多部分相**紧贴**；就是说，这些部分之间真正一无所有；这又就是说，没有一个部分不远不近正好流得那么远；没有一

个部分绝对排除另一个部分；但是这些部分相互渗透，而且凝聚在一起；如果你硬要拉开一部分，它的根芽就带着更多的部分被拉了 272
出来；凡是真实的都被嵌进而且扩散到其他许多真实的东西里面；总而言之，每个最微小的事物已经是它的黑格尔式的“他物”，按照这个术语最充分的意思来说。

当然，这些话**听起来**是自相矛盾的，但是，除非我们把直接的事实形成概念并且叫出它们的名称来，直接事实根本不声不响，只是**存在**而已，所以，这种矛盾是用概念的或者推论的形式来代替真实形式的结果。但是，正如柏格森所指出的，如果那种形式只是为了实用的目的而加上去的，以便让我们跳过生活而不是费力地生活下去；而且，如果那种形式甚至于不能假装着揭露生活的内在性质是什么或者应该是什么的话；那么我们为什么不能倾听责备它的诸多意见呢？充耳不闻就是我上面引用过的柏格森的门徒所说的内在危机或者“崩溃”。我们太容易受哲学传统的影响了。这个传统把逻各斯(logos)或者推论性的思想一般当作是达到真理的唯一康庄大道，以致把退回到纯净的、未曾用语言说过的生活，相 273
信这种生活能显示更多的内容，并且把概念当作是柏格森称作的仅仅是实用的东西，都很不容易。这是抛弃我们心智之足以自豪的成熟，而且又成为理性眼光里的愚蠢婴孩。虽然这样一场革命是艰巨的，我相信没有其他的办法掌握实在，因此，我冒昧地希望你们有些人在听了我的下一次演讲以后或许会具有和我相同的意见。

第七讲　经验的连续性

277 恐怕你们没有几个人能听从柏格森的话：面向感觉生活以获得对于实在之更为充分的知识；或者能同情他的企图：限制概念绝对地支配我们心智的神圣权利。这就太像向下看，而不是向上看了。你们会说，哲学不是伏卧在经验当中，置身于经验的沙石之深处，像柏格森的理论那样决不从上面偷偷地看一眼任何东西。哲学主要地是从上面看待事物所得的见解。哲学并不是摸清事物的底细，而是了解事物之可以理解的梗概，领悟事物的形式和原则，事物的范畴和规则，事物的体系和必然性。哲学采取建筑师的高级观点。哲学竟然放弃这个最高观点而沉湎于直接感觉的一种懒散生活，这是可以设想的吗？不谈你们牛津对于亚里士多德和柏
278 拉图的传统热忱，格林在牛津潜移默化的影响仍然很大，他的反感觉主义不会很快地衰弱下去。格林比任何人都更清楚地认识到，关于事物的知识就是事物的诸多关系的知识；但是他决不相信我们的感觉生活能够含有任何表示关系的原素。他遵从严格的理智主义的方法来处理感觉。凡是感觉的定义所没有明确包括的，感觉必定要把它排除掉。感觉的定义不是关系，所以格林终于认为：只有一个“自我显要”的绝对而且永恒的精神(mind)(出现在有联系的事物之前，但它本身并无联系)从上面对于感觉起了作用，才

能使得诸多感觉联系在一起。他说，“一种关系并不因为感觉的偶然性而是偶然的。关系是由于独自构成关系的那个既能合并又能比较的思想之永久性而是永久的。”[1] 换句话说，关系纯粹是概念的对象，因而感觉生活本身不能把它自己联系在一起。格林写道，感觉本身是瞬息而逝、短暂不居、未可名状的（因为在我们为它命 279
名时，它已成为另一个东西了），而且由于相同的理由，是不可知的，是可知性的否定。如果没有概念作用的诸多永久对象来“说明”我们的感觉，那么就不会有有意义的名称，只有毫无意义的噪声，因此一种前后一贯的感觉主义必定是沉默无言的。[2] 格林的理智主义十分认真，竟然产生了自然而又不可避免的效果。但是他心里所想的那些原子论的和不相关联的感觉是他的理性主义幻想之纯粹虚拟的成果。我们现在的心理学完全推翻了这些虚拟的成果，[3] 因此格林费尽心机地攻击我们的那位老哲学家洛克，认为洛克首先没有看到他关于感觉的思想仅仅是一种不能实用的东西，后来又逃到作为一种补救办法的先验唯心论，——我的确认为格林攻击我们的老哲学家洛克的这一点是有伤感情绪的。每个研究实际的感性生活的人必定看到每种关系，时间、空间、差异、相同、变化、比例、原因等等关系，正像词项一样，都是感觉之流之不可分割的组成成分，而且必定看到连接关系和分离关系同样都是感觉 280
之流的真正组成成分。[4] 这正是我在最近的一篇文章中称作“彻底的经验主义”的学说（这和经验主义这个名称经常暗示的心理原子学说不同）。批评感觉的理智主义者坚决认为感觉仅仅是分离的，而不是连接在一起的。彻底的经验主义坚决认为感觉之间的连接和分离同样都是直接给予的（given），而且还认为，不管是分离的

或者连接的关系，在这些关系原初的感性的给予性上都是瞬息即逝，短暂不居的（格林的话），而且和词项一样都是“特殊的”。后来，词项和关系经过概念化而得到名称以后就成为一般化的了。[5]但是经验之厚实性、具体性和单独性都存在于经验之直接的和相对的未曾命名的诸多阶段。柏格森教授十分强调地要我们注意这些阶段的丰富多彩性，以及注意我们的概念作用始终匹配不上经验之厚实性、具体性和单独性。

281 现在我很高兴地说，我能够开始把我的一些零星论证聚集起来，因而稍微清楚地看到我们所要得到的一般性的结论了。请跟我回到第五讲并且回想我所谈过的关于理解意识的诸多状态怎么能够复合起来的困难。你们记得，不管我们在心理学里把它当作是由心理的诸多简单的有限状态组合成为心理的诸多有限状态，或者我们在形而上学里把它当作是一般的有限精神组合成为绝对精神，困难似乎都是相同的。这是一般的概念主义的困难：任何一个事物不是同时，就是先后和许多事物相同，因为一和多这两个抽象概念必须相互排斥。在我们已经详细讨论过的事例里，这个单一的事物就是经验的总体形式，而众多的事物就是你我经验的诸多个体形式。要把这个单一的事物和众多的事物都称作相同，我们必定要把这两者当作同时就是它们各自的他物来处理。根据概念主义的原则，这是办不到的。

282 然而，根据对于概念的作用作总的检查，并且从感觉生活之更为原始的感觉之流里追寻实在的真实样子这个原则，像我在上次演讲里试图指出的那样，我们就有办法了。不但绝对是它自己的他物，直接经验的一切最简单的点滴也是它们自己的一些他物，如

果黑格尔的这个说法总是能用的话。经验之具体的脉动看起来不像我们用来代替这些具体脉动的概念那样被局限于这样一些确定的限制里。这些具体的脉动不断地相互合并，而且似乎还相互渗透。存在于这些脉动里的是关系，而被关联的究竟是什么却很难辨别。你觉得没有一个脉动在内部是简单的，而且任何两个脉动在它们接触的地方都是完全汇合的。没有一个所予资料微小得不足以指出这个神秘的事，如果这是个神秘的事的话。我们所可能有的最小的感觉都有一个前部和一个后部，而且都带有这些部分持续进行的意味。沙德沃思·霍奇森先生很久以前就指出，除了作为抽象思想的一个不真实的假定之外，像当下这个片刻这样的客体实际上是没有的，[6] 我已经提醒过你们，“瞬息即逝的”片刻是个 283
最小限度的事实，这个片刻的外面和里面都出现“差异的幻影”。如果我们感觉不到同一个感觉场里的过去和现在，我们就根本感觉不到过去和现在。我们在充满瞬息即逝的时间的物质里有相同的“单一里的众多”。我们的思想通过它的边缘向前直冲是它的生命之永久不变的特质。我们认识到这种生命是某种总是不平衡的东西，是某种处于过渡之中的东西，是某种从黑暗中发射出来，经过黎明而进入光明的东西，我们感觉到光明就是已经完成的黎明。在这种连续当中，我们的经验作为一个变化而出现。我们对着强烈的光明说，“是的，这就是我刚才说的意思。”我们对于黎明则感到，“不，这个意思还不完备，还有更多的要发生。”在感觉的每次渐强里，在每次极力的回想里，在趋向于满足欲望的每个进程里，空虚和充实之连续（两者相互关联而性质又相同）是这种现象的本质。甚至更为人所共知的是，在欲望的每个障碍里都有“一种不存 284

在的东西(an absent)之观念上的存在(presence)”(事实上是不存在的)——总之,这种存在的唯一功能是意味着一个不存在的东西——的那种感觉。而且我们在纯粹思想的运动里也有相同的现象。当我说苏格拉底有死的时候,苏格拉底这个要素是不完全的;它还要经过纯粹的运动,即那个有而流入死,那个死其实只是口头上的死而已,但是,对于我们的心智说来,那个死,即那个会死亡的苏格拉底,最终却得到了令人满意的处置,说了出来。[7]

那么,先验主义者所说的只有绝对才能真正地具有的内在复杂性就在这经验之最小的脉动里实现了。这种事情的要点总归是相同的——某个事物和另外某个事物总是不可分解地一起发生的。你不能把同一事物和它的他物分开,除非根本放弃实在的东西并且沉湎在概念的体系里。在一个单一而特殊的事例里直接已知的东西总是某个聚集起来而共有的东西,某个没有隐藏不知的
285 东西。实在的每个基本点滴都不被下一个点滴的观点所掩盖,只要我们把实在看成是可感知的,并且是极小极小的脉动的话——而且我们必定要把实在看成是脉动,因为我们的意识广度,除了在名义上和概念上之外,短狭得不能掌握事物之较大的集合体。同时集合在一起的实在或许只是现存在我阅读这一页讲稿的经验里,或者在你听我的这段演讲的经验里;可是在这些点滴的经验里,在这些点滴经验发生的时候,我们就得到概念的描写所不能比拟的充实内容。诸多感觉的经验在内部和外部都是它们“自己的他物”。这些经验在内部和它们的诸多部分合而为一,而在外部又不断变成跟在它们后面的紧邻,所以一个人一生当中被诸多岁月所分开的诸多事件被一切中间发生的事件紧紧地串联在一起。这

些感觉经验的名称的确把经验分成诸多分开的概念实体，但是在这些经验原来发生的连续体里都不存在任何的切割。

如果把这一切都记在心里，你转而注意我们自己的特殊困境的话，我们就看到我们多年反对意识状态之自我复合的意见—— 286
我们根据纯粹逻辑的理由认为这是不可能的——在原则上是没有根据的了。意识之每个最小的状态，被具体地看待了，都超过了它自己的定义。只有概念才是自我等同的；只有“推理”处理封闭不变的等式；自然只是过度(excess)之别名；自然的每一点都向外发展并且和更多的点会合；就我们可能正在考虑的任何一点而言，唯一的问题是：我们必定要深入自然的其余部分到什么程度才能完全超过自然的过多的部分。目前立即出现在我们每个人的内在生活之脉动里的是一点点过去，一点点未来，一点点意识到我们自己的身体，意识到相互的容貌，意识到我们想要谈论的这些崇高的事物，意识到地球的地形和历史的方向，意识到真理和错误，意识到好和坏，以及意识到谁另外还知道些什么等等。你的内在生活的脉动，不管多么模糊地而且下意识地感觉到这一切事物，它是和这
一切事物相连续的，属于这些事物，而且这些事物也属于你的内在 287
生活的脉动。你不能既把这些事物中的一个事物，也不能把其余的事物和这个脉动等同起来，因为如果你让你的脉动向这些方向中的任何方向发展，你的脉动所发展出来的东西会回过头来看着你的脉动说，“那就是我最初的萌芽。”

那么在理论上，我们直接感到的生命之真实的单元不像理智主义的逻辑所坚持的和用来进行仔细分析的单元。这些真实的单元和它们的他物是分不开的，因而你必得在相距很远的不同时日

里拣取这些真实的单元,才能找到似乎是不相混淆的两个单元。那么,正如这两个单元的概念是分开的,这两个单元的确看起来是分开的。这两个单元之间有一个鸿沟;但是这个鸿沟本身只是理智主义虚构的结果,是从大片连续的诸多经验里抽象出来的,而这两个单元之间的时间就是用这些经验填充起来的。这正像那块木头,最初由威廉和亨利抬,后来由威廉、亨利和约翰抬,后来由亨利和约翰抬,后来由约翰和彼得抬,等等。经验的一切真实的单元都
288 是重叠的。假定一张纸上的一行等距离的点代表我们用来对于世界作理智分析的概念。假定一根长得至少连接三个点的尺代表我们的感性经验。然后把这根尺沿着这一行上的各个点移动,这就可以代表感性经验里可以想象到的诸多变化。一个个的概念会接触到这根尺,一个个的概念又会离开这根尺,但是这根尺总会至少连接两个概念,而且它任何时候都连接不了三个以上的点。如果你在概念上,或者用点的定律来处理它,你就曲解了它。

在这一点上,凡是适用于连续状态的东西,必定也适用于同时发生的特质。这些同时发生的特质和它们的存在是相互重叠的。我现在的意识场是一个中心,四周被一个不明显地逐渐变成更多下意识场的边缘所环绕。我在这里分别用三个术语来描述这个事实;但我也可以用三百个术语,因为这个事实全是些明暗不同的重叠,没有分明的界限。它的哪个部分严格地是在我的意识场之内,哪个部分是在我的意识场之外呢?如果我说出什么是在我的意识场之外,那么它就已经进入我的意识场了。中心以一种方式起作用,而边缘却以另一种方式起作用,而且立刻压倒这个中心,自己
289 又成为中心。我们在概念上与之同一的,并且可以说我们任何时

候正在想到的东西，就是中心；但是我们完整的自我是整个的场，以及所有那些无限定地放射着的下意识的增长可能性，这些可能性我们只能感觉，不能想象，而且也几乎不能开始分析。存在之集合的和个别的诸多方式在此共同存在（coexist），因为每个部分起的作用各不相同，每个部分在经验之更为广大的其余部分里和它自己的特别区域相连接，而且每个部分倾向于把我们吸引到那个范围里，可是这个整体总是作为我们生命的单一脉动而被感觉到——不是这样被想象到，而是这样被感觉到。

那么，如上所说，理智主义的利刃在理论上已经有了缺口；理智主义只能接近于实在，理智主义的逻辑不适用于我们的内在生活，我们的内在生活根本不理睬理智主义的反对，并且嘲弄理智主义在种种事情上的无能。我们的每一点滴在每一时刻都是广大自我的一个部分，它像罗盘上的风玫瑰，沿着各条辐射线抖动，因此我们每个点滴里的实际情况和我们现在没有看到的许多可能的事物不断地合而为一。[8] 因此，正像我们和我们自己瞬息的边缘有共同的意识一样，我们自己不也可能形成事物里某个更真实地处于 290
中心的自我边缘，而这个自我是和我们统统都有共同的意识？你和我不也可能在高级的意识里汇合，并且在那里一同起作用，虽然我们现在还不知道这个高级的意识？

徒然想用概念和词语来描述那种概念和词语所不能表达的东西，我知道，这样做使得我自己和你们大家都感到厌倦。只要一个人继续不断地谈个不停，理智主义就继续不断地占领哲学的领域。回到生活不能靠谈论来实现。回到生活是一个动作；为了使得你们回到生活，我必须为你们树立一个榜样，好让你们模仿，我必须

像柏格森那样给你们指明：我们用来谈论的概念是为了实践而不是为了洞察才产生出来的，这样就会使得你们不愿听谈论，或者听不进谈论的重要性。或者，我必定要指，指向生活里平平常常的那个，而你们就必定要用内在的同情心为你们填充出个什么来。你们某些人的思想，我知道，绝对会拒绝这么做，拒绝用非概念化了
291 的名词来思考。多少年来，我自己就绝对不肯这么做，甚至在我知道了理智主义否认单一性里的众多性必定是谬误的以后，我也不肯这么做，因为同一个实在的确同时起着许许多多极其不同的作用。但我总是希望有一条改正了的理智主义的路线能绕过这个困难，只是当我读了柏格森的著作以后，我才懂得继续运用理智主义的方法本身就是一个谬误。我懂得了：自从苏格拉底和柏拉图的时代以来哲学一直走的是条错误的路子，对于理智主义者的困难决不可能有一种理智的解决办法，解决这些困难的真正办法决不在于发现理智的解决办法，而是对于这个问题充耳不闻。概念主义要生活用概念的术语来证实生活本身，这就像用外国话向一个专心于他自己工作的人所提出的挑战；这种挑战对他根本毫不相干——他可能置之不理。我因而经历过上次演讲里提到的那种
292 “内在的崩溃”；我已经真正用尽了我的概念的家底，我在使用理智主义方面已经彻底失败了，因此我不得不改变我的出发点。我的话大概不会使你们改变信仰，因为词语只能是概念的别名。但是，如果你们任何人试图根据各自的理由诚恳而又不屈不挠地用理智来思索实在的话，你们可能同样也会被逼得要改变阵线。我不再多说了：应当让生活来教训你们。

我们现在已经谈论到了一个观点，从这个观点看，精神

(mind)在它较小而又较易接近的许多部分里的自我复合似乎是确定的事实，而且根据这个观点，关于在较远区域里的一个相似而又较为广大的复合的那种思辨性的假定必然会被认为是一种合理的假设。绝对并不是我一度认为的那种不可能的存在。心理的诸多事实的确既是单一地同时又是一齐起作用的，因而我们这些有限的心智可以同时在一个超人类的智力里有相互的并存意识。只有对于那种过分的主张，即认为绝对具有强制的必然性，才必须用先验的逻辑加以否认。如果一种假说试图根据类似的和归纳出来的理由使自己成为可能，那么绝对就有权要人耐心倾听。那就等于说，从现在起我们的正经事情取决于费希纳和他的方法，而不取 293
决于黑格尔、罗伊斯或布拉德莱。费希纳把他热烈信仰的那种超人类的意识只当作是一种假说来对待，然后他完全靠归纳和说服的办法来推荐这个假说。

费希纳自己在他的著作里的确是一个绝对主义者，不过不是主动地，而是被动地罢了，如果我可以这么说的话。他不仅谈论地球灵魂和星球灵魂，而且也谈论宇宙里一切事物之整合的灵魂，而他把这整合的灵魂叫做上帝，正像其他的人把它叫做绝对一样。但是，他只是*想到*所有附属的超人类的灵魂，并且满足他对于宇宙之威严的总的灵魂一劳永逸地顶礼遵从，而不想给它的性质下一个定义。这种灵魂，像绝对一样，远在“射程之外”，而不是清晰地可以望见的物体。从心理上说，在我看来，费希纳的上帝是他的一个未曾苦思而得的假定，而不是他确实想通了的体系里的一个部 294
分。因为我们包裹我们的视觉和听觉，所以地球灵魂包裹我们，星球灵魂包裹地球灵魂，一直到什么包裹什么才不包裹了呢？包裹

是不能一直包裹下去的；它必定要有一个结束，一个总的包裹必定要结束这一系列的包裹，所以上帝就是费希纳给予这个最后包裹一切者的名称。但是这个包裹一切者确实无所不包，那么他就要对一切事物（包括罪恶）负责，并且我在第三次演讲结束时发现绝对里的一切悖论和困难一再出现，毫未减少。费希纳试图真诚地解决罪恶问题，但是他总是用莱布尼茨式的方式来解决：他把他的上帝说成是非绝对的，把上帝放在“形而上学的必然”的情况之下，即使上帝的全能也不能违背这个必然。上帝的意志不得不和不是由他的意志本身强加于那个意志的情况作斗争。上帝临时容忍他所没有创造的东西，而且因此以无穷的耐心设法克服它，等到年深月久了好把它忘却。总而言之，上帝有一个历史。凡是当费希纳设法把他的上帝清清楚楚地说出来的时候，他的上帝就成为有神论里普通的上帝，而不再是绝对地总体化了的包罗万象者。[9] 在这
295 种形式之下，他的上帝只代表事物里的理想原素，而且是我们的辩护人，他帮助我们，我们也帮助他，防备宇宙一切有害的部分。

事实上费希纳几乎不能算是一个形而上学家，因为他不关心那些抽象领域里完美的形式上的一贯性。他以多元论的方式相信上帝，但是一部分由于习俗，一部分由于我所称作的理智上的懒散（如果任何一种懒散都能输入到像费希纳这样一种人身上的话），他任听别人说他是一元论者而不加责难。我向你们建议：我们不把自己事前就纠缠在一元论的假定上来讨论上帝这个问题。首先，可能有一个超人类的意识吗？这个问题解决了的话，自然就会进一步讨论超人类的意识的形式是一元的还是多元的问题了。

然而，在讨论其中任何一个问题之前，我不得不在说了上面这

些话以后扼要地把这两个问题都谈一谈，让我再说一说绝对主义 296
者奇怪的逻辑立场以结束我们这次回顾已往的探讨。绝对主义者
请来了绝对，除了作为一个存在（这个存在的内在形式会使得绝对
克服理智主义发现有限的众多本身所感染的一切矛盾）之外，还为
了什么呢？我们已经看到，有限经验之每个最小的片段所提供的
单一里的众多这个特性，在理智主义看来，对于有限经验之实在是
个致命伤。理智主义告诉我们，凡是能够分辨出来的都是分散的；
而且分散的就是不相关联的，因为一个关系，既然是一个“联系”
（between），只会引起一种双重的分散。黑格尔、罗伊斯、布拉德
莱以及牛津的一般绝对主义者好像只是在经验上发现单一性里的
众多性的诸多地方才同意单一性里的众多性是逻辑上的背理。但
是，请你们看看这种奇怪的策略！这个逻辑上的背理在绝对主义
者请来消除这个背理的绝对存在里是减少了吗？大大地不然，因
为那个绝对存在在无限广大的尺度上显示了这个背理，而且在它
的定义里夸耀这个背理。绝对存在不和任何外在环境相关联这个
事实，一切关系都在绝对存在之内这个事实，并不能解决绝对存在
的困难，因为布拉德莱先生反对有限之伟大的论证是：在有限之任 297
何已知点滴（例如，一点点糖）里出现了众多这种特性（例如，白和
甜），是自相矛盾的；所以，绝对的名称看起来所代表的一切到最后
就是愤怒的人性一直坚决要求的：实在不应该被称作是荒谬的。
必定在什么地方有它的一个方面不犯自相矛盾的毛病。同时，就
我们所能理解的绝对和有限都以同一方式犯了自相矛盾的毛病。
当理智主义所谓的毛病被过细地分在有限的客体里时，理智主义
就见到这种毛病；但是理智主义太近视了，不能在更为巨大的客体

里见到这种毛病。可是，绝对之构造，如果加以想象的话，不得不按照某一点滴的有限经验之类比来想象。试用任何真实的点滴，压缩它的四围，然后把这个点滴放大到硕大无朋，那么，你就同样会得到绝对之结构的类型。显然，在这一点上，你的困难依旧存在，而且和你形影不离。如果相对的经验是内在地荒谬的话，绝对
298 的经验就是无限地更加荒谬了。总而言之，理智主义见小不见大。但是，你们和我都同样讨厌这种反对绝对的论战，所以我就不再谈这种存在了。这种存在不过是鬼火之一，这些鬼火使人误认为黎明，常常阻碍哲学的明显进步，所以我要转到较为一般的正面的问题上来：意识之诸多的超人类的统一体应当被认为是更可能的，还是更不可能的。

在前一次演讲里，我曾经仔细谈论过费希纳的一些似是而非的理由，或者那些至少用来回答我们怀疑这些理由的更为明显的根据而提出的理由。耶乃特（Janet）、弗洛伊德（Freud）、普林斯（Prince）、锡的斯（Sidis）以及其他的一些医学天才所发掘出来的有关人格分裂的大量事实在费希纳的时代还不曾为人所知，而且自动书写和讲话的现象以及一般的通灵术和“着魔”都还不曾被承认，也不像我们现在这样地加以研究，所以费希纳的类比例子和我
299 们现在所拥有的例子相比只是很少的一点点。话虽如此，他确实充分运用了他所掌握的材料。在我这方面，我在一些变态或者超常态的事实里得到最强而有力的启发，认为一个最高的并存意识是可能的。费希纳认为住在地球上的人的记忆都聚会并储存在一个大水库里，在阀门下降或者活塞开启的时候，原来关在水库里的知识就漏进我们中间的非常人物的心智里面去。如果不用费希纳

的这个概念的严格字面意义，恐怕我们不会了解上面所说的这些异常的事实。但是这些研究领域或许是太神出鬼没的了，不足以引起学术界的兴趣，但是，我从通常的宗教经验里得到的唯一证明，我觉得拿来支持费希纳是合宜的。我想可以断定的是：有一种特殊性质的宗教经验，不能从我们其他种类的经验用类比法或者心理学上的推理推演出来。我认为这些宗教经验以合理的概率指 300
出：我们的意识和一个更为广大的精神环境是相连续的；普通谨慎的人（所谓科学的心理学只承认这一种人）是进不了这种精神环境的。我在下一次的演讲里还想再扼要提一提这些宗教经验。

第八讲　结论

303 在上一次演讲结束的时候，我谈起过有一种特殊性质的宗教经验。我现在要解释一下我这句话指的究竟是什么。扼要地说，我心里的那些事实都可以描述为一个料想不到的生命紧接着死亡以后所发生的诸多经验。这句话并不是指不朽或者身体的死亡。我指的是一个人的经验之内诸多确实的心理过程像死亡一样地结束了，这些心理过程是失去作用的心理过程，以及至少是某些人最后绝望时的心理过程。正好像浪漫的爱情似乎是比较晚近才有的一种文学上的发明，所以跟着绝望而来的一个人的这些经验一直到路德[1]的时代以前似乎在正统的神学里不曾起过什么作用；表明这些经验之特性的最好办法大约是指出我们自己的内在生活与古代希腊人和罗马人的内在生活之间的某种差别。

我记得切斯特顿先生在什么地方说过，希腊人和罗马人在道德生
304 活的一切方面都非常严肃。雅典人认为他们所信的神必定都敬仰福基翁和亚里斯提德[2]的刚正不阿；而这些雅典先生们自己显然也会

---

① 路德(Martin Luther，1483—1546)：德国的宗教改革家，主张依据《圣经》，“因信称义”，信靠耶稣，否定罗马教会之宗义，创立抗议宗，即基督教的新教派，有别于天主教。——译者

② 福基翁(公元前402？—前317)：雅典的将军、政治家；亚里斯提德(公元前530？—前468？)：雅典政治家。——译者

敬仰这两位的正直。加图[1]诚实不欺，了无瑕疵，所以罗马人对于任何事情极端怀疑就会说，“即使是加图告诉我的，我也不信。”这些人，好就是好，坏就是坏，毫不虚伪。虚伪，原是教会传布的基督教义带来的，几乎已经不存在了。自然主义的体系固守不变[2]；它的道德标准既不空洞，也不容嘲弄。个人如果操守有素，就能符合一切可能的必备条件。异教徒的骄傲从来没有消失。路德是打破这一切自然主义骄傲的藩篱而具有成效的第一位道德家，他认为（他可能是对的）圣保罗[3]已经冲破了这个藩篱。路德这一类型的宗教经验把我们一切自然主义的标准都打垮了。这种宗教经验表
明，只有弱，你才能强。你不能靠骄傲或者自大过日子。我们品格 305
里所有的名望、美德、庸言、谨行都是自然地得来，并且普遍被认可，但是在一种醒悟之中却显得十分幼稚。老老实实抛弃人的骄傲，或者不存着人性本善的希望，是进入宇宙深处的唯一门户。

福音主义的基督教[4]和近来称作“精神治疗”的宗教或者“新思想”熟悉这些宇宙的深处。这个现象是生活在最为绝望的时刻进入新环境的现象。自然主义有它严格而正当的优长之处，但决

[1] 加图（公元前234—前149）：罗马政治家，亦称老加图，他的孙子和他同名，史称小加图。——译者

[2] 哲学上的自然主义认为，一切现象都可以用自然力和自然规律来解释，并且没有道德的、精神的或超自然的意义。神学上的自然主义认为，一切宗教真理都来自自然界和自然力，而不是来自神的启示。——译者

[3] 圣保罗（Saint Paul 5？—67？AD.）：罗马籍，犹太原名为Saul，墨守犹太教的传统礼仪，迫害耶稣门徒，后信耶稣，改用罗马名字Paulus，主张因信称义，根据实际需要，传布福音，为基督教初期教会领袖之一，相传为罗马皇帝所杀。——译者

[4] 福音主义的基督教强调福音的权威，并且主张拯救来自信仰和神恩而不仅来自善行和圣餐。——译者

不注意我们天生的智谋，也就是另一种幸福和威力的诸多可能的事情，这些事情使我们惊心动魄，是从泯灭我们自己的意志并且让某个更高的事物为我们做出安排而来，而且这些可能的事情似乎还显示一个比物理学或者市侩伦理学所能想象的世界更为广大的世界。这是一个事事美满的世界，尽管有某些形式的死亡，实际上，正是由于某些形式的毁灭——希望的消失，力量的消失，责任
306 的消失，恐惧和忧虑的消失，权能和美德的消失，异教邪道、自然主义和信奉教法而不信福音的理论所坚决信仰，牢牢信赖的一切事物的消失——才使得这个世界成为美满的世界。

理性在我们其他的诸多经验上起作用，甚至在我们的诸多心理经验上起作用，却决不会在这些特别具有宗教意义的经验确实到来之前把它们推断出来。理性不会怀疑这些宗教经验的存在，因为这些宗教经验紧接在“自然”经验之后发生，并且转换了自然经验的价值，因而和自然经验不相连续。但是在这些宗教经验实际上发生并且为人所感受的时候，天地万物就扩大了感受这些经验的人们的眼界。这些宗教经验启发我们，我们的自然经验，我们严格的道德学的和谨慎的经验，可能只是真实的人类经验的一小片断。这些宗教经验使得自然之轮廓不那么明确，因而开拓了最为奇怪的诸多可能的事情和远景。

因此，我认为，逻辑的理解，从这样一些特别富于宗教意味的经验里作抽象的推理，总漏掉一些东西，因而不能得出完全充分的结论。逻辑的理解总是说，死亡和失败只是死亡和失败，因而绝不
307 能再和生命合而为一；所以宗教经验，这种古怪的称法，在我看来，凡是希望运用推理推出一种更为完备的哲学的每一个人都要仔细

加以考虑和解释。

这一类型的宗教经验自然引起具有这种经验的人们的这种信念，而这种信念完全符合费希纳的学说。引用我在其他地方用过的话来说，当一个有这种信念的人的低级本性毁坏得不可收拾的时候，他发现他个人生活中比较脆弱的部分和一个性质相同的更多部分相连续，这个更多部分在他以外的宇宙里起作用，并且他能够和这个部分保持切实的接触，因而以某种方式踏进这个部分以拯救他自己。总而言之，这个有信念的人自己意识到，无论如何，他和一个广大的自我相连续，拯救他的诸多经验就是从这个广大自我流进来的。凡是感到这样的经验清清楚楚，源源而来的人就能够按照这些经验的启示而生活，不受任何批评的影响，无论是学术的或者科学的批评，或者只是逻辑常识的呼声。这些人有他们自己的见解，而且他们知道——这就够了——我们居住在一个看 308
不见的精神环境里，这个环境在我们苦难的时候给予我们援助，我们的灵魂和一个更大的灵魂不可思议地合而为一，我们只是这个更大灵魂的工具。

我想，人们因此可以主张，费希纳的思想不是没有直接经验的证实。如果他的这些思想是真实的话，生活的一个方面无论如何是容易解释的了，但是这个方面看起来还没有一个清楚的说明，只要我们和自然主义同样地认为人的意识是现有的最高意识，或者和二元的有神论同样地认为宇宙里有一个高级精神(mind)，但是这个精神和我们的心智不相连续。主张绝对的哲学家对于生活的这个部分不大有兴趣，而且，即使某种亲身的经验必定已经使得这些哲学家深信他们自己的见解，他们也很少把生活里这一部分的

现象作为证据。这一直是一件使我惊奇的事情。他们总是过多地
309 怀有逻辑学家的偏见。他们偏爱单薄的方法,不喜欢厚实的方法,辩证的抽象的确比个人传记里混乱而不健全的事实要更为庄重而有学术性。

虽然理性主义轻视特殊的、个人的和不健全的东西,我们得到的一切大量证明,在我看来,迫使我们不得不趋向于相信超人类生命的某种形式。这种生命我们并不知道,但可能和我们有共同的意识。我们在宇宙里可能和我们书房里的猫和狗一样,眼看满架图书,耳听着我们高谈阔论,可是一点也不懂谈论的内容。理智主义的逻辑权威因为批评而受到损坏的时候,理智主义反对我们和这种生命具有共同意识的意见就逐渐消失,因而实证的经验证据依然如故,毫未改变。通常的心理学、病理学的现象、所谓心灵研究的事实、宗教经验的事实和这些相类似的事实,聚集在一起,就证实了一个**难以轻视的**可能的事情:赞成一个几乎和费希纳的世界观相同的看法。这样推论出来的可能的超人类的意识之轮廓虽
310 然仍旧非常含糊不清,这个超人类意识所处理和传导的在功能上性质不同的“许多自我”的数目不得不完全是可疑的。超人类的意识可以从多神论或者一神论来设想。费希纳认为他的性质不同的地球灵魂在起我们的守护天使的作用,在我看来,这种看法似乎明晰地是多神论的;可是“多神论”这个词常常使人不快,所以最好还是不用。只有一件事是确实的,那就是我们对于绝对所作批评的结果:一个前后一贯、通过思考而设计出来的一元论的宇宙遇到一切似是而非之论和困惑不解之处,有如自体中毒——具体地说,实在“沦落”为现象的秘奥,真理“沦落”为错误的秘奥,完美“沦落”为

不完美的秘奥；总而言之，罪恶之秘奥；普遍决定论的秘奥，永恒而无历史之大块宇宙的秘奥等等；——我主张避免这些秘奥的唯一办法是坦率地主张多元论，并且假定超人类的意识，不管它多么硕大，它本身有一个外在的环境，因而是有限的。今天的一元论小心 311
翼翼地否认它和斯宾诺莎的一元论有任何关系，它解说的理由是：众多溶于单一而消失，而在改进的唯心论的形式里，众多在它们的众多性里作为单一之永恒的对象而保存下来。绝对本身就这样被绝对主义者说成是具有一个多元的对象。但是，即使绝对不得不有一个多元的看法，那么，我们为什么不根据我们自己独一的理由而痛痛快快地做多元论者呢？我们为什么要用后患无穷的"一"来包罗我们的多呢？

在我看来，神学和哲学里最便当的方法是在接受超人类的意识之外，再接受这样一个观念，即，这个超人类的意识不是无所不包的，换句话说，这个观念是：有一个上帝，但是他在权力上或者知识上，或者同时在这两方面都是有限的。不用我来告诉你们，这些就是普通人通常和上帝积极交往的条件；而且使得上帝这个观念在实际上和精神上十分似是而非的那些一元论的本领都是与世隔 312
绝的教授头脑别出心裁地想用一些概念来代替上帝而添加上去的平淡无奇的东西。

"经验"和"理性"为什么不能在这个共同的基础上会合一致呢？这两者为什么不能妥协呢？通常但并非必要地和直接经验的哲学联系在一起的不敬神祇性，难道不可以向人们现在所看到的那种直接从更为广大的直接经验中衍生出来的有神论让步吗？既然理性主义看到它关于上帝的先验证明十分有效地被经验证据所代替而感到满意，理性主义难道不可以减少它的一些绝对主义的主张吗？如果上帝，除了他自己以外，只有任何一种最低限度的极小的**他物**，那么，经验主义和理性主义就有可能握手言欢，取得持久的和平。这两者都有可能把抽象的单薄性丢弃不顾，并且像科学家那样，依靠可能得到的资料和类似的例子，就神的意识具体地是什么一回事，试图共同取得最为可能的近似想法。我冒昧地请
313 求牛津的青年唯心论者认真地考虑这另外一种可能的想法。任何一个人，只要像费希纳和柏格森那样，舍弃单薄的道路而走上厚实的道路，就能取得只凭天赋的理智能力的人所不能获得的丰收。

调和折中和多元论的哲学是分不开的。只有一元论的教条主义才能把它的任何一个假设作这样的说明："就是这个假设，此外别无他说；这个假设丝毫不变，接不接受由你"。牛津流行的这种一元论一直保持着这种严峻而脆弱的态度，一部分由于人所共知的偏爱优美而单薄的逻辑解答，一部分来自这样一种错误观念：宗教的唯一坚实基础就在这些理论里。如果牛津的学者也有不知道的事，那就似乎是他们一直不知道趋向一种多元泛灵的宇宙观的那个伟大的经验运动。我们这一辈的人就被这个运动所吸引。这个运动大有完全冲破牛津学者所用的诸多方法的势头，而且除非他们愿意和这个运动结为盟友，这个运动便会成为他们宗教上的敌手。可是，他们虽然似乎拘泥于绝对主义的逻辑方法和技术方
314 式，我不得不相信他们对于一般宗教理想的忠实性还要深些。特别使我不能相信的是：只要我们能够使得这个学派里宗教信仰较深的人相信宗教能够从其他途径得到，他们就会坚持绝对主义的特别方法。假如经验主义一旦和宗教联系起来，就像它到目前为

止由于某种奇怪的误解一直和非宗教联系起来一样，我相信宗教和哲学都会开创一个新的时代。哲学新近引起人们的广泛重视，这个伟大的醒觉是目前各国都出现的显著现象，无疑地一部分是由于宗教的要求而来。过去传统的权威既然日渐消失，人们自然要听从理性的权威，或者遵从现存事实的证据。如果人们愿意虚心接受厚实而彻底的经验主义的主张，他们一定不会失望。我充 315
分相信，这样的经验主义比辩证法过去是或者可能是宗教生活更为自然的盟友。如果包括我们自己意识在内的高级意识这种观念，费希纳的地球灵魂这一类的观念，逐渐成为正统而时髦的观念的话，迷信和各种越发猖狂毫无根据的信念无疑地就会充斥于世；如果科学承认弗莱德里克·迈尔斯（Frederic Myers）恳切主张科学应当予以承认的所谓心灵研究的现象（我自己坚决相信大多数的这些现象是扎根在实在里的），迷信和这一类的信念还要大大增加。但是人们应不应当认真地让这样一种胆怯的考虑来阻止人们不依从最伟大的宗教希望所指出的明路呢？在这良莠不齐、无所不有的世界里，我们从什么时候起得到过轮廓清楚、一尘不染的好人好事？生活的主要特征之一是生活里充满了多余过剩的东西。我们得到任何东西，不管是什么，唯一条件是：我们居然有这么多的东西；如果我们不被弄得眼花缭乱，耳噪心烦，我们就算幸运的了。每个事物都夹在和它注定要在一起的杂七杂八的东西里。任 316
何东西，如果不是太多，你就会感到不够。许多蹩脚的书籍，许多丑陋的雕塑，不三不四的男男女女所作的许许多多枯燥无味的演说，都是少数精彩可贵的书籍、雕塑、演讲得以存在的条件！沙金是在石英砂里精筛出来的；宗教的条件，如同其他可贵事物的条件

一样，也是如此。必定要有精选，必定要有生存竞争；但是陶土的母岩和贵重的宝石最初必定是未经筛洗的。精致的珍品，一旦提炼出来，才能分别加以检验，形成概念，予以定义，并且把它和周遭的事物脱离接触。但是，这种精选的过程没有捷径可循，如果有的话，你就会得到上面我们已经谈到过的那种单薄、低劣的抽象概念，它们不是经院神学里空洞的、不真实的上帝，就是使人难以理解的泛神论的怪物，而不是较为生气蓬勃的神圣的实在。经验的方法倾向于运用这种实在在想象之中把人们联结起来，这看起来是必然的了。

317 我的话说到这里，要请你们回想我第一次的演讲，并回忆一下，如果你们还记得，我引用过你们杰克斯教授的话——他谈到哲学家自己被吸引到他所解释的宇宙里。这就是费希纳和黑格尔的看法，这样我们的终点就和我们的起点和谐地重新会合了。各种哲学都是和宇宙本质密切相关的部分，各种哲学都表达宇宙对于宇宙自己的一点思想。一种哲学的确可以是宇宙对于宇宙本身所作的最为重大的反应。我说过，因为我们哲学家生存在世界上，哲学可以按照我们的诸多理论而以不同的方式支配并且处理哲学问题；哲学可以更加信任它自己，或者可以更加不信任它自己，因而，不管是信任或者不信任，哲学就更值得信任或者不信任。凡是不信任自己的就不值得信任。

这就是最广义的人道主义哲学。我们的诸多哲学使得存在的洪流高涨，把它们的特质添加到这个洪流里。这些哲学是我们所遇到的一切里的部分，是使得我们存在的一切里的部分。正如一位法国哲学家所说，“我们是实在里的一些实在。”我们的思想决定我们的行动，而我们的行动又重新决定世界之先前的性质。318

这样一来，异质性（foreignness）就被逐出我们的世界之外了，而且，用多元论来看待世界的体系，比用一元论来看待它，异质性就更没有留存的余地。根据对于泛灵论体系的任何可能的解释，我们的确是上帝的诸多内在部分，而不是外在的创造物。可是，因为上帝不是绝对，而且如果这个体系用多元论来看待的话，上帝自己就是一个部分，上帝的功能可以被认为是和所有其他较小的部分的功能不是完全不相似的——因此和我们的诸多功能相似。

上帝有一个环境，他存在于时间里，并且和我们一样在努力完成一部历史。上帝摆脱了静止、永恒、完美的绝对之一切不合人性的异质性。

请不要忘记：我们在这件事情上遇到的麻烦之一是绝对之本质上的奇异和怪诞——除了这两个词以外，真的没有其他词来表述它了。它之具有无所不包的形式给它一个本质上和我们不同的
性质。而且绝对主义和多元论之间极大的差别并不要求宇宙的物 319
质内容有任何差别——这种差别只是从形式上的差别而来。总体形式或者一元论的形式就产生了异质性，个体形式或者多元论的形式使得本质性不受骚扰。

不管宇宙的内容是什么，如果你只承认它到处而且始终是**众多**，承认**没有**一个真实的**事物**不具有一个环境；绝对主义者异口同声地自称废弃了它的合理性，你非但没有废弃它的合理性，你却让它具有我们的心智实际上可以得到的最大量的合理性。你和它在理智、情绪和行动上的诸多关系仍旧和你自己本性的主要要求还是流畅无阻，和谐一致的。

如果让“合理性”这个词在这里给我们带来麻烦，那就太糟糕了。这个词是双方都要求承认的颂扬字眼之一——因为差不多没有一个人肯宣称他的哲学是一个无理性的体系。但是，像人们用
320 来颂扬的多数字眼一样，“合理的”这个词的意思太多了。最客观的一个意思是古老逻辑所用的那个意思——两件事之间的联系是合乎理性的，你就能从一件事推论到另一件事，例如从苏格拉底推断到死亡；因而只有在这两件事具有一种共同性质的时候，你才能这样推断出来。但是这种合理性正是黑格尔的所有门徒都认为不充分的那个同一律的逻辑。黑格尔的门徒用否定和矛盾这个高级的合理性来代替它，因而又使得这个观念模糊了。那么，你就得到美感上的或者目的论的那种合理性，你会说，凡是在任何方式下都适宜的，凡是美的或者善的，凡是有目的的或者能够满足欲望的，都算是合理的。根据黑格尔的哲学，凡是“现实的”就是合理的。我刚才就说过，凡是使得我们喜欢做的行动都做得出来的似乎就是合理的。根本放弃“合理的”这个词比只是在语言文字上争执谁有最适当的权利继续使用这个词要好些。

我在第一讲里所用的“异质性”和“本质性”这两个词或许比用“合理性”和“无理性”这两个词来表达我一再坚持的对比要好
321 些——那么，就让我们一直用这两个词吧！我主张“单一”这个观念引起异质性，而“众多”这个观念引起本质性，这个提法的理由我不惜篇幅，一再坚持，而且不管这些理由能不能使你们信服，我假定你们现在是很熟悉这些理由的了。但是，说宇宙是众多，或者单一，到底是什么意思呢？

用实用主义的观点来解释，多元论或者主张实在是众多这种

学说的意思是：实在之各式各样的部分可能是在外部相互关联。你能想到的每一事物，不管多么硕大或者无所不包，根据多元论的看法，都有某一种类或者某种程度的真正“外在”的环境。事物都是以诸多方式相互有关，但是没有任何一个事物包括每个事物，或者统率每个事物。“以及”这个词跟在每个句子的后面。总归有些东西遗漏掉。在宇宙里的任何地方要想达到无所不包这种状态的最好企图就不得不说成是“任何时候都不十分”。多元论的世界就这样更像一个联邦共和国，而不大像一个帝国或者王国了。不管 322
能收集到的是多么的多，不管聚集在意识或者行动的有效中心里的是多么的多，还有其他的事物是自主的，没有收集进去的，没有归于一统。

在另一方面，一元论坚持，当你最后谈到实在本身，也就是诸多实际存在的事物之实在时，在一个硕大、瞬息、相互牵连的完备状态中，每个事物都出现在每个其余事物之前——没有一个事物能够在任何意义里，在功能的或者实体的意义里，真正避开任何其他事物，一切事物在伟大的总汇流里相互渗透，相互嵌入。

对于多元论来说，凡是我们必须承认为实在之素质的，就是我们自己在有限生活之每个最小分量里在经验上所已实现的。扼要地说就是这样：没有一个真实的事物是绝对地简单的，经验之最小的点滴是一个多方面相关联的稀少里的众多；每个关系都是这个点滴经验的一个方面、特质或功用，也就是这个点滴经验被吸取的方式，或者它吸取其他事物的方式；而且一点滴的实在，在和这些关系之一积极地起作用时，并不由于这个事实而和其他诸多关系 323
同时起作用。所有的关系并不都是法国人叫做的相互之间相互依

靠关系。一个事物能够吸取或者放弃另一个事物而不丧失它的同一性，比如我曾经谈到的那块木头，新的人来抬，旧的人走开，只要有两三个人，这块木头就能够搬到任何地方去。

对于一元论说来，相反，不管我们是否认识到，每个事物都把整个宇宙拖着走而不漏掉任何事物。这块木头从开始到结束都由所有抬的人一齐抬。按照一元论的说法，如果一个事物一旦被分开了，它决不会再连接起来。这两个体系之间的实际差别因此是一个明确的差别。这个差别是这样的：按照一元论的说法，如果 a 有一次不被 b 看到，或者不接触到，或者更扼要地说，根本就“脱离”了 b，那么，a 必定总是脱离了 b，a 和 b 决不能相聚；而多元论承认，在另外一个时机，a 和 b 可以在一起活动，或者以某种方式又被连接起来。一元论不考虑实在里——就是在**真实的**或者绝对
324 的实在里——有像“其他时机”这样的诸多事物。

你们懂得了，我试图描述的差别不过是我在上面所说的实在之个体形式和总体形式之间的差别而已。多元论让事物真实地以个体形式或者个别地存在。一元论认为总体形式或者集合单元的形式是唯一的合理的形式。总体形式不能引起和抛弃联系，因为在这个总体里所有的部分在本质上相互牵连而且永恒地是相互牵连的。相反，在个体形式里，一个事物可能由许多中间的事物把它和与它没有直接或者本质联系的一个事物连接起来。这样，这个事物在任何时候都有许多可能的联系，这些联系在这个时刻并非必然地要实现。这些联系决定于这个事物可能在功能上走向媒介作用的哪一个实际途径：“或者”这个词就点出了一个真正的实在。因此，当我在这里演讲的时候，我可以向前，**或者**向右，**或者**向左

看，而且不管我向哪个方向看，夹在中间的空间、空气和以太使得
我能够看见在座听众中一个不同部分人们的面孔。我之在这里独 325
立于这些面孔中的任何一组面孔。

如果个体形式是实在的永恒形式，就像个体形式是一时现象的形式一样的话，我们仍旧有一个连贯的世界，而不像许许多多的绝对主义者所攻击的是一种实体化的不连贯。我们的“众多宇宙”仍旧成为一个“宇宙”；因为每个部分虽然可能和不管多么遥远的每个另外的部分没有实际的或者直接的连接，但是由于每个部分和它贴近的诸多部分相互交融这个事实，每个部分却和每个另外的部分有某种可能的或者中介的连接。这种结合的确和一元论的那种整个统一体在这一点上是不同的。这种结合不是一切事物的一种普遍的相互牵连或者整合。这种整合就是我叫做连串在一起的那种类型，也就是持续、连接，或者连锁的那种类型。如果你喜欢用希腊文，你可以叫它作 synechiste 类型。无论如何，你们明白了，这种类型形成了和一切事物同时彻底统一大不相同的另一种类型，这另一种类型是当然可以设想的，它和一元论的类型正好相
反。你们又明白了，这种类型和我辛辛苦苦维护的观念有效与否 326
是一致的：相连的最小经验之彻底的联合，也就是，这种类型和具体地感到的经验之每个瞬息与它直接邻近经验之汇合这种观念有效与否是一致的。具体经验里的邻近经验是相连的，因此我们在具体经验里所作出的相互隔离的诸多片刻都是运用概念化的官能所产生的许多人为的成果。承认具体经验里邻近经验相连这个事实，就可以把我称作的“彻底”的经验主义和传统的理性主义批评家用来吓唬人的经验主义分辨清楚了。人们指责（不管正确地或

者错误地)彻底的经验主义把经验割裂成原子式的诸多感觉,一直要有一个纯粹理智的本原高高地向这些感觉俯冲一番,并且把这些感觉包罗在这个本原自己的联结范畴里,这些感觉才能相互结合。

话说到这里,你们就可明白这另一种类型的要点,而且明白多元论和一元论之间差别的全部奥秘了。我在这次演讲里尽量把这个差别说清楚。总括起来就是一句话:一性里的多性,毫无疑问,
327 是我们居住的世界的特点,但是一性里的多性是否仅仅是事物之绝对的整体的一个性质呢?因此,你必定要假设那个单一、硕大、不可分割的整体是任何众多存在在那儿的先验条件(prius)——换句话说,你必定要先从这个理性主义的全部、纯粹、完全的大块宇宙开始。或者所有有限原素能否具有它们自己的一性里的多性之原始的形式,而且在这些原素没有直接的一性的情况下,这些原素仍旧要靠中介条件相互连续起来——这些条件里的每个条件和它贴近的条件合而为一——而总的"一性"却又绝对地不得完备?

这另一种类型是明确的。此外,在我看来,它的两个分支,从实用主义的眼光看来,对于某些个人具有不同的伦理上的魅力——这两个分支可以引起这种结果。但是,如果你认为多元论的分支在本质上是无理性的,自相矛盾的,而且荒谬的话,那么我现在就没有什么话好为它辩护的了。在前几次演讲里,我已经尽了我的能力打破理智主义的归谬法的利刃,是非所在,我只好让你
328 们自己判断了。不管我说的是什么,你们中间的每一位会按照你们自己所具有的合理性的观念之推动或者消失来确定地接受或者不接受多元论。我要着重坚持的唯一的事是,多元论是一元论的

一个十足同等的假说。这个世界,说到最后,**可能**是一个大块宇宙;但是另一方面,它**可能**是一个仅仅串连在一起,而不是扎上两头、封闭起来的宇宙。就像实在明显地似乎存在那样,它终究**可能**个别地存在。这个可能性我是要坚持的。

人们对于或然可能东西的普通见解通常决定这样的一些不同类型。这些类型可以说明我曾经阐述过的“信仰的意志”。我在哈佛所作的某个演讲里讲到过“信仰的阶梯”,它与逻辑书上的连锁推理大不相同,可是似乎又有类似的形式。我想你们自己很快就会认识到我所描述的信仰阶梯的心理过程。

你们心里总会出现(不管是怎么来的)一个关于世界的概念。你们问,这个概念是否是真的?

你们说,它在有些地方**很可能**是真的,因为它并不自相矛盾。 329

你们继续说,它甚至在此时此地**可能**是真的。

你们立刻就感到,它的确**算得上**是真的,如果**它果真是真的**,那就**太好了**,它**应当**是真的。

你心里有说服力的某个东西接着就低声地对你说,它**必定**是真的;然后——最后的结果是——

你下了判断:它必须**被认为是真的**;对**你**说来,它**必须**好像是真的。

而且你这样的推断可能在确定的特殊事例里是使得这个概念最后成为确实是真的一种手段。

这个过程里没有一个步骤合乎逻辑,可是这正是一元论者和多元论者都用来坚持他们的见解的方式。这是生命超过逻辑,这是理论推理在得到结论以后寻找诸多论点的实用推理。我们有些人就是用这种方法坚持那种未完成的多元论的宇宙;其他的一些人就是用这一种方法坚持那种永远完备的永恒的宇宙。

330 同时,多元论的哲学假定宇宙的不完备性,并且坚决认为这是最可能的假说,多元论的哲学还把这种不完备性说成是通过我们可以自行补偿起来,使它的诸多不相连接的地方部分地用我们的行为弥补起来。“我们用我们的整个身心和所拥有的能耐来认知;而且用我们所认知的来扩大我们的存在和能耐。”[1] 这样,哲学和实在,理论和行动,在同一个循环里永无限期地相互作用下去。

现在鄙人已经讲完了这几次无甚高论的演讲。如果你们回想这几次演讲,这些演讲,毫无疑问,是够杂乱无章,缺乏说服力的了。我唯一的希望是,这些演讲可能起点启发作用;因而这些演讲如果的确对于方法上的一个要点具有启发作用的话,我几乎愿意不再过问我所提出来的其余各点。这一个要点是:**目前是扩大和加深这些问题的讨论基础的最好时机**。正因为这个理由,我介绍了费希纳和柏格森,描写心理学和宗教经验,并且冒昧提到心灵研究和哲学园地里其他稀奇古怪的东西。可能由于柏拉图和亚里士
331 多德以及他们的理智主义是牛津的哲学研究的基础,牛津式的先验主义,在我看来,太局限于单薄的逻辑考虑,这些考虑在一切可以想见的世界里都会有效,具有经验素质的诸多世界完全和我们的世界不同。好像现在存在的这个世界之一切实际的特点都和真理的内容完全无关。但是这些特点不能无关;将来的哲学必定模仿各种科学,更加精心地注意这些特点。我迫切要求在座的青年学者把这句话记在心里。如果你们能真正记住,沿着费希纳和柏

格森所开辟的动人心弦的道路向前作具体的推进，如果你们能从生活的具体事例里收集任何一种（一元论的或者多元论的）哲学结论的话，那么我要，并且就以最高兴的心情说，“敲钟吧，敲走我悲伤的诗句，并且迎来精力更加充沛的诗人。”

注　　释*

第一讲

335　注 1(第 5 页)　贝莱,《关于人类精神之哲学书信》(Bailey: *Letters on the Philosophy of the* Human Mind),第一集,第 52 页。

注 2(第 11 页)　《小逻辑》(*Smaller Logic*),第 194 节。

注 3(第 16 页)　《哲学探索》(*Exploratio Philosophica*),第 1 部分,1863 年,第 xxxviii,130 页。

注 4(第 20 页)　兴纳堡,《现代的文化:系统哲学》(Hinneberg: *Die Kultur der Gegenwart: Systematische Philosophie*),莱比锡:陶勃纳,1907 年。

第二讲

注 1(第 50 页)　这种差异是,这种有限的一切恶劣部分,对于绝对主义者说来,是永恒的和本质的,而多元论者可能希望,这种有限的一切恶劣部分终久可以抛弃而成为似乎不曾有过。

注 2(第 51 页)　由 W. 华莱士引用,见其所著《演讲和论文集》(W. Wallace: *Lectures and Essays*, *Oxford*),牛津,1898 年,第 560 页。

注 3(第 51 页)　华莱士译,《逻辑》(*Logic*, tr. Wallace),1874 年,第 181 页。

注 4(第 52 页)　同上,第 304 页。

注 5(第 53 页)　《当代评论》(*Contemporary Review*),1907 年 12 月,第 92 卷,第 618 页。

注 6(第 57 页)　《形而上学》(*Metaphysic*),第 69 节等页。

---

* 本注释内的页码为英文原著页码,亦即本书边码。

注 7(第 62 页)　《世界和个体》(*The World and the Individual*),第 1 卷,第 131—132 页。

注 8(第 67 页)　《精神》(*Mind*)杂志于 1893 年刊载布拉德莱先生和本书作者的一场争论就是很好的例证。如果我正确理解他的话,他认为"相似"(resemblance)是一个不合理的范畴,因为相似可以有不同的程度;他还认为在比较方面仅有的真实关系是绝对同一性和绝对的非可相比性。

注 9(第 75 页)　《黑格尔辩证法研究》(*Studies in the Hegelian Dialec-* 336
tic),第 184 页。

注 10(第 75 页)　《现象和实在》(*Appearence and Reality*),1893 年 ,第 141—142 页。

注 11(第 76 页)　比较《形而上学要素》(*Elements of Metaphysics*),第 88 页。

注 12(第 77 页)　《宗教的某些武断》(*Some Dogmas of Religion*),第 184 页。

注 13(第 80 页)　有关布拉德莱先生的理智主义的较为详细的批评,见本书附录一。

第 三 讲

注 1(第 94 页)　黑格尔,《小逻辑》(Hegel, *Smaller Logic*),第 184—185 页。

注 2(第 95 页)　比较黑格尔关于矛盾的这种功能的精彩证明,见他的《逻辑的科学》(*Wissenschaft der Logik*),第 2 册,第 1 节,第 2 章,c,注 3。

注 3(第 95 页)　《黑格尔》(*Hegel*),布莱克伍德的《哲学经典著作》(*Blackwood's Philosophical Classics*),第 162 页。

注 4(第 95 页)　《逻辑的科学》(*Wissenschaft der Logik*),第 1 册,第 1 节,第 2 章,*B*,*a*。

注 5(第 96 页)　华莱士译,《小逻辑》(*Smaller Logic*),第 128 页。

注 6(第 101 页)　周其姆(Joachim),《真理的本质》(*The Nature of Truth*),牛津,1906 年,第 22、178 页。这种信念如果被怀疑的话,这个论点就会是一个高级综合的观念:如果两个真理都是可能的,这种可能性的两重性本身就会是把这两个真理统一起来的唯一真理。

注 7(第 115 页)　《世界和个体》(*The World and the Individual*),第 2

卷，第385、386、409页。

注8（第116页） 我所知道的最好的缺乏创见的论点（也非讥讽！）则见于M. W. 卡尔金斯（Calkins）女士的大作《哲学的永久问题》（*The Persistent Problems of Philosophy*），麦克米伦，1902年。

注9（第117页） 比较富勒（Fuller）博士的优秀论文“伦理一元论和罪
337 恶问题”（Ethical monism and the problem of evil），载《哈佛神学月刊》，第1卷，第2期，1908年4月。

注10（第120页） 《形而上学》（*Metaphysic*），第79节。

注11（第121页） 《黑格尔辩证法研究》（*Studies in the Hegelian Dialectic*），第150、153节。

注12（第121页） 《真理的本质》（*The Nature of Truth*），1906年，第170—171页。

注13（第121页） 同上，第179页。

注14（第123页） 意识之某些有限的片断是由可分离的部分加在一起而组成的。绝对主义者不能用这种心理学上的类比推理来证明这样的部分是一切意识的主要原素。意识的许多其他有限场事实上似乎并不相似地可以分解成为可分离的部分。

注15（第128页） 如果根据我们的中枢意识和我们的脊髓，低级神经节等等的关系来作类推的话，那么似乎可以自然地假设，在可能存在的任何超人类的心理综合里，我们在人类这一级上所能意识到的某些内容的疏忽和消除，就可能与其他的人类内容的合并和交织一样，都是具有特征的特性。

第四讲

注1（第143页） 《现代哲学的精神》（*The Spirit of Modern Philosophy*），第227页。

注2（第165页） 费希纳，《论灵魂问题》（Fechner：*Über die Seelenfrage*），1861年，第170页。

注3（第168页） 费希纳的《黎明观与黑暗观》（*Die Tagesansicht*
338 *gegenüber der Nachtansicht*，莱比锡，1879）综述了他最近的看法。据我所知，这本书正在翻译中。他的《死后的生命小书》（*Little Book of Life after Death*）已有两种美国版本，分别由波士顿的列特，布朗公司和芝加哥的公开论坛公司出版。

注 4(第 176 页)　布拉德莱先生在某种程度上应当不在我这最后几页里所作的攻击之列。请特别比较他在《现象和实在》(*Appearence and Reality*)第 269—272 页上关于非人类的意识所作的论述。

第五讲

注 1(第 182 页)　罗伊斯,《现代哲学的精神》(Royce: *The Spirit of Modern Philosophy*),第 379 页。

注 2(第 184 页)　《世界和个体》(*The World and the Individual*),第 2 卷,第 58—62 页。

注 3(第 190 页)　我仍旧坚决认为这种看法是关于我们为数众多的高级意识场的最好的叙述。这些高级意识场显然不包含认知相同对象的那些低级状态。然而,其他的场,并不完全如此;所以,在《心理学评论》(*Psychological Review*),1895 年,第 2 卷,第 105 页(特别请看第 119—120 页),我在理论上坦率收回我以前反对把意识场说成是由简单"部分"组成的提法,而把每个特殊事例的问题让事实去决定。

注 4(第 194 页)　我从附着于整体本身的意识里抽象出来,如果这样的意识是在那儿的话。

第六讲

注 1(第 250 页)　关于活动这个概念的更为明确的证明,参看本书附录二,在这篇附录里,我极力反对理性主义的批评家对于活动所作的批评,我认为活动是直接经验的一种确定形式。 339

我在这里附带说几句话来消除批评柏格森教授的某些人的怀疑。柏格森要想使自己的意思不被人误解,应当详细说明和充分解释自己的陈述:概念具有实际的用途,而不具有理论的用途。这个论点,用这一种方式来理解,是无法辩护的,因为我们依靠概念,的确可以增加我们关于事物的知识,而且这似乎是一个理论上的成就,不管接着到来的是些什么实际成就。的确,柏格森先生好像是很容易用他自己的话来驳倒的。他的哲学,如果有任何不同之处,似乎比诸多理性主义的哲学对于真理所提出的洞察要高明些;但是他的哲学,如果不是一个概念体系,在它的主要性质里又是什么呢?柏格森在他指明概念不能提出洞察这个企图里,难道不是只用概念来推理的吗?

无论如何，这个特别的反对理由是容易回答的。柏格森运用他自己的概念来一般地怀疑概念的理论用途，在这一方面，他并不矛盾，但是在另一方面，他却有力地用实例证明他自己对于概念的实际用途的看法，因为概念在他的手里只是用来给我们“明确方向”，指示我们：如果我们想得到他认为概念所不能提供的那种深入实在的更为完备的洞察，我们必定要在实际上转向什么方面。他把我们的希望从概念转到被人轻视的感觉流。他用概念的手段所达到的因此只是一个新的实用态度。在理智主义哲学的一切否决之下，他只是恢复我们和感觉经验、常识之间天生恳切的关系。这种功劳确实只是实用的；但是这个功劳，我们几乎要感激不尽。本着一个善良的哲学良知又信任我们的感官了！——可曾有谁赐予我们这样有价值的自由？

340 再作出某些区别和增加某些内容，就似乎容易应付这种控诉里的其他各条了。概念是一个新体系里的诸多实在，概念之间具有诸多的特别关系。当我们比较我们的各种概念的时候，这些关系是直接可以被知觉的，正好像我们注视两个感官对象之间的距离时，这个距离是直接可以被知觉到的一样。那么，概念作用是给我们为新的知觉动作提供材料的一种作用；因此这些行动的结果被记录下来的时候，我们就得到数学、逻辑和先验的形而上学这些“心理真理”(洛克曾经用过这个术语)的主要内容。认知这一切真理确实是一种理论上的成就，但是这个成就是狭隘的；因为诸多概念对象本身之间所有的关系，例如，差异或者同一，调和或者矛盾，包摄或者排除，只是朴素比较之下的静态关系。概念领域里并不发生什么事情；这个领域里的关系只是“永恒的”。所以，理论上的收获甚至于接触不到活动和历史的真实世界(因果的和能动的诸多关系的世界)的外层边缘。为能洞察到推动生命的一切，柏格森把我们从概念转向知觉是正确的。

把概念和知觉结合起来，我们能够画出遥远的空间和时间里其他知觉的分布图来。认知这种分布当然是一种理论成就，但是这种成就是极端有限的，没有知觉，这个成就不能生效，而且甚至于它所产生的只是许多静态关系。从分布图上，我们只知道位置，而且一个事物的位置只是有关这个事物的一种最不足道的真相；但是，概念上的绘图，对于拟订我们的行动计划是不可少的，因此有极大的实际重要性。柏格森很正当地坚持了这种重要性。

341 但是可以这么说，概念不仅为我们提供比较之下的一些永恒真理和事物位置的分布图，还给生活带来许多新的价值。在概念的图绘位置这种作用里，概念和知觉的关系一般与视听和触觉的关系一样——斯宾塞把这些高级感官只叫做预期性的触觉器官。但是我们的眼睛和耳朵也使独立壮丽的诸多世界展现给我们：结果有了音乐和装饰美术，生活的价值就有了难以置信的增加。概念的世界给我们的生活带来价值和动机的新范围和种类，更是如此。概念世界的地图不仅对我们有实用的价值，而且只是在头脑里掌握这样巨大的诸多图画这件事本身就是一种令人鼓舞的好事。新的爱好和使人兴奋的事物以及权力，崇高和敬仰之情就都被激发起来了。

抽象性本身似乎有一点点观念性。罗伊斯的“对于忠诚的忠诚”就是一个极好的例子。像反对奴隶制度、民主、自由等等“事业”，在这些事业之肮脏的具体事例实现的时候，就萎缩了。观念之真实的“现金价值”似乎只是在抽象的地位里才黏着观念不放。罗伊斯在他的《忠诚的哲学》(*Philosophy of Loyalty*)里激烈争论：一般真理和最值得相信的真理之真正具体事例看起来根本是两回事。一般真理在价值上超越所有的这些“权宜手段”，因而一般真理，不管得计或者失策，是可以作为生活目标而努力争取的东西。抽象的真理(Truth)是一个“重大的争端”；具体的诸多真理是“微不足道的废品”，不过是“破碎的成功了的人和事”而已。(罗伊斯：《忠诚的哲学》，第七讲，特别是第5节)

一种新的价值就这样产生了。这是否可以当作是一个理论上的成就呢？这个问题问得好，因为一个价值虽然在某种意义上是一种被知觉了的客观性质，这种性质的本质是性质和意志的关系，而且这种性质的本质在于性质是一种发生动力的刺激，使得我们的行动有所不同。就概念能创生价值这个功用而言，因此看起来概念和我们的行动生活的联系比和我们的理论生活的联 342
系要多些，所以在这一点上柏格森所阐述的话似乎是不能反对的了。凡是具有确定概念的人在其他方面都是生气勃勃的，并且以不同的方式追求他们自己的充满生命力的生涯。这并不必然得出这样的结论：他们对于其他的重要生涯在本质上理解得更为亲切些。

也可以这么说，我们把诸多陈旧的概念结合到新概念里，这样就会设想到像以太、上帝、灵魂等等的实在；我们的感性生活单独地会使我们不知道这些新的概念。这确实增加了我们的知识，而且真可以称作是理论上的成就。可是在这一点上，柏格森的批评又是正确的了。概念作用虽然可以告诉我们许多关于这样一些眼睛看不到的东西，概念作用却不能透射到这些东西的内部。我们关于以太波、原子、上帝，或者灵魂的定义越是完备，对于我们说来，这些东西就越不容易理解，而不是更加容易理解。在这些事物方面有学问的人因此就逐渐把我们对于这些事物的概念说成是只有工具的价值。以太和分子可以是像同等物和平均数，都是些辅助工具而已，我们利用这些工具实际上在我们的感性经验之中从事工作。

我们从这些考虑里明白了概念的作用是实际的或者是理论的这个问题多么容易流于字义上的争执。从这个观点说，最好不承认另外一种说法是一个明确的说法。在这个争端里唯一明确的事是，柏格森的主张是绝对正确的：活动和变化之整个的生活是不能用概念来作深入内部的处理的，而且这种生活只能用直接的感觉作同情共感的理解。关于实在之所有的存在物和他物，无论是关系上的，还是终端的，最后都是直接的具体的知觉之内容。可
343 是这些内容里遥远的、不曾知觉到的在时间、空间和逻辑上的许多安排好的事物，为了知道这些安排本身的乐趣和为了实际的帮助，也都是我们需要知道的。我们可以按照我们愿意强调的方面，把这种安排的需要叫做理论的需要或者实际的需要；但是柏格森把概念的知识限制在安排上，并且他坚决主张安排不过是我们须要知道的整体之皮毛而已，他在这两点上是精密地正确。

注 2(第 266 页)　葛斯顿·拉舍奥，《哲学评论》(Gaston Rageot, *Revue Philosophique*)，第 94 卷，第 85 页(1907 年 7 月)。

注 3(第 268 页)　在我的《心理学》(*Psychology*)里我自己用其他方式尽量说得通，并在某些精选的事例里说得正确(据我自信)；但是在其他一些事例里自然的方式却无可奈何地恢复原状了。

第七讲

注 1(第 278 页)　《休谟引论》(*Introduction to Hume*)，1874 年，第 151 页。

注 2(第 279 页)　同上，第 16、21、36 页及其他各页。

注 3(第 279 页)　参看我的《心理学》(*Psychology*)论“思想流”一章等等；H. 孔纳列厄斯，《心理学》(H. Cornelius, *Psychologie*)，1897 年，第 1、3 两章；G. H. 鲁格，《心理学的一般概念》(G. H. Luquet, *Idées Générales de Psychologie*)，1906 年，各页。

注 4(第 280 页)　请比较本书作者的论文：“纯粹经验的世界”(A world of pure experience)，见《哲学月刊》(*Journal of Philosophy*)，纽约，第 1 卷，第 533、561 页，1905 年。

注 5(第 280 页)　格林想靠提醒我们感觉是“不声不响的”来使我们不相信感觉,因为感觉引起的时候还**不曾命名**,而概念则可以说是命名的了。他的企图只是显示理智主义怎样为言词所操纵。在格林的著作里,未曾命名的和不真实的似乎是同义词。 344

注 6(第 283 页)　《反思的哲学》(*Philosophy of Reflection*),i,248 等页。

注 7(第 284 页)　这一段的大部分摘录自我在美国心理学会所作的演讲,见《心理学评论》(*Psychological Review*),第 2 卷,第 105 页。1895 年我就初步取得了我现在有关柏格森的论点,感到高兴。

注 8(第 289 页)　片刻之间的有意识的自我,也就是主要的自我,大概是由自我和身体迫切的或者当下的动作在功能上的联系而被决定到这个特殊的地位。这是当下**活动着的**自我。虽然环绕自我的还有更多的东西,它们对于我们可能是“下意识的”,可是如果自我在它的“集合能力”上也起活动的功能的话,自我在较广大的方式上可能是有意识的,好像是超过我们理解能力的“有意识的”。

关于意识和行动之间的各种关系,参看柏格森的《物质和记忆》(*Matière et Memoire*),特别是第 1 章。也请比较孟斯特伯格的《心理学基础》(Münsterberg, *Grundzüge der Psychologie*)第 14 章里的所有间接论点;我的《心理学原理》(*Principles of Psychology*),第 2 卷,第 581—592 页;以及 W. 麦独孤的《生理心理学》(W. McDougall, *Physiological Psychology*),第 7 章。

注 9(第 295 页)　比较《波斯古经》(*Zend-Avesta*),第 2 版,第 1 卷,第 165 页及以下各页,第 181、206、244 页及以下各页;《黎明观与黑暗观》(*Die Tagesansicht*),第 5 章,第 6 节;以及第 15 章。

第八讲

注 1(第 330 页)　布龙台尔,《基督教哲学年刊》(Blondel, *Annales de Philosophie Chrétienne*),1906 年 6 月,第 241 页。

347 # 附　录

一、事物及其诸关系[①]

经验在它的直接性方面似乎是完美地流动的。在反思把我们的本能世界给我们弄得支离破碎之前，我们大家都享受的生活之主动感是光芒自发的，并不使人想起自相矛盾之处。它的诸多困难在于使人失望的事情和不确定的事情。这些事情并不是理智上的矛盾。

然而，当有反思能力的理智在起作用时，理智发现在流动的过程中有诸多不可理解的东西。理智区别出这个过程的许多元素和部分，就一一给予单独的名称，因而理智这样拆散开来的东西，理智就不容易再把它们凑合在一起。皮浪[②]的怀疑哲学接受非理性，并且喜欢对非理性作辩证的详尽阐述。其他的哲学，有些无视辩证程序，有些抵制辩证程序，有些用辩证程序来否定辩证程序，否定辩证程序的最初的否定，都试图恢复生活的流动感，并且让赎罪代替清白。任何哲学这样做所能达到的完善程度是衡量其人类

① 原载《哲学、心理学和科学方法月刊》(*Journal of Philosophy, Psychology, and Scientific Methods*)第 2 卷，纽约，1905 年。文字稍有更动。

② 皮浪(Pyrrho of Elis，约公元前 365—前 275)：希腊哲学家。——译者

成就和在哲学史上的重要性的尺度。我在"纯粹经验的世界"这篇文章里简要地探讨了这个问题[①]。我大体上坚持认为，直接经验到的有连接性的诸多关系和其他事情一样，都是真实的。我就这 348
样抵制辩证法的某些最初的步骤。我的那篇文章如果不是过分朴质无华的话，我就得作较为详细的探讨。这就是本文的目的。

一

"纯粹经验"是我给予生活的直接之流的名称。它为我们以后反思的材料提供纯粹经验的概念范畴。只有新生的婴儿，或者由于睡眠、药物、疾病，或者受打击而处于半昏迷状态的人，可以被假定具有纯粹经验。这种经验在严格的意义上还不是任何确定的存在物(what)的一个那个东西(a that)，虽然易于成为各式各样的存在物；但是在不出现的诸多方面充满了一性与多性；始终在变化，而又十分混乱以致纯粹经验的诸多方面相互渗透，因而区别性或者同一性都不可捉摸。这种状态下的纯粹经验只不过是情感或者感觉的别名。但是纯粹经验之流，在倾向于充满热情的时候，就到来了，因而这些突出的部分就得到认同、固定和抽象；所以，经验好像是通过形容词、名词、介词和连词的弹射而流动的。经验的纯粹性只是一个相对的词语，意思是指这个词语仍旧包孕未曾用言语表达的感觉之相称的分量。

让我们尽量回溯到最初的时候，经验之流，作为整体和在它的 349
部分里，是连起来的和分开来的事物之流。时间、空间和自我的伟

① 《哲学、心理学和科学方法月刊》，第1卷No. 20，第566页。

大的持续体，在这三者之间包罗一切事物，因而一起流动而互不干扰。时间、空间和自我的持续体所包罗的一切事物以某些方式分开，而又以其他方式相连。某些感觉和某些观念相联合，而其他的感觉则不相容。诸多性质渗透到一个空间里，或者相互排除在一个空间之外。这些性质持久地依附成群，成群的性质作为单元而流动，否则就各自分开。这些性质的变化是突然的或者不相持续的；而这些性质的种类相同或者相异；因而，在相同相异之中，这些种类就形成整齐的或者不整齐的系列。

在这一切当中，相持续和不相持续的事物都是直接感觉之绝对地协调的事情。连接和区别以及分离都可以当作是“事实”的原始元素。就在我借以感觉到这个正在流逝的片刻是我的生活的一个新脉冲的行动里，我感觉到旧的生活持续到新的生活之中，而且持续的感觉对于一个新鲜事物之同时发生的感觉决不产生不协调的影响。这两个感觉也是协调地相互渗透。介词、系词和连词，“是”、“不是”、“那么”、“在……之前”、“在……之中”、“在……之上”、“在……之旁”、“在……之间”、“（时间上）下一次”、“像”、“不像”、“如”、“但”都从纯粹经验之流里流出。纯粹经验之流是具体事物之流，或者感觉之流，像名词和形容词那样自然地流出。我们
350 把形容词和名词用到一股新的经验之流时，形容词和名词就又流畅地融入经验之流。

二

如果我们问为什么我们必定要把经验从一个更加具体的或者纯粹的形式改变成一个更加理智化了的形式，使得经验充满了更

多的概念上的区别，理性主义和自然主义就有不同的回答。

理性主义的答案是，理论的生活是绝对的，而理论生活的利益是绝对必要的；力求理解只不过是人的责任；因而谁要是就这件事提出疑问，是不需要和他争论的，因为根据争论这一个事实，他就放弃了论辩。

自然主义的答案是，环境既扼杀了我们，也养活了我们，因而原始经验消灭经验者自己的趋势就减弱了，其减弱的程度是按原始经验里的所有元素，凡是对于生活具有实用意义的那些元素，从这个持续体中分析出来，并且用言词加以固定以及联结在一起的程度而定，我们就可以知道我们所处的情况，并作好及时反应的准备。自然主义者说，如果纯粹经验总是完善地有益的话，那就决没有把它的任何术语离析开来或者用言语表达出来的必要了。我们本来就应当默默无语地体验而且不用理智地享受。自然主义答案里这种对于“反应”的依靠含蕴着，我们任何时候对于一个相对纯粹的经验加以理智的分析，我们为了再下降到更加纯粹或者更加具体的层次，就应该作这样的分析；还含蕴着，如果一个有理智能 351
力的人超脱于他的抽象术语和概括化了的关系之上，而且不以他的结论再行插进生活之直接之流的某个特别之点上去，那么他就没有发挥他的作用，没有做他应该做的事。

现在大多数理性主义者都会同意，自然主义给我们的理智最初发生的方式作了足够真实的叙述，但是理性主义者会否认后面的这些含义。他们会说，这种情况和性爱一样。这种情欲起源于产生下一代的动物需要，然后才次要地发展出这样迫切的精神需要，如果你问下一代为什么一定要出生，回答是：“主要是为了爱可

以绵延不绝。”我们的理智也是如此：理智起源于作为用来达到生活目的的实用手段；但是它却偶然地发展成为理解绝对真理的功能；而生活本身却似乎主要地成为执行这个功能的一个手段。但是真理和对于真理的理解却处于抽象概念和普遍概念之中，所以理智就完全在这个领域之中展开它的高级事务，而不再需要下降到纯粹经验里去。

我所说的自然主义的和理性主义的这些对比的倾向，如果读
352 者还不承认，举个例子或许会使得这些倾向更加具体。例如，布拉德莱先生是一位极端的理智主义者。他承认我们的理智首先是实用的，但是他说，对于哲学家，这种实用的需要只不过是真理(Truth)。[①] 而且真理必定假设是“一致的”。直接经验不得不分解成主体和性质，词项和关系，才能当作是真理来加以理解。可是，如果这样一分解，直接经验就不够一致了。采取其原来状态，直接经验是不曾有所区别的。如果加以理智的分析，直接经验只是特性(distinction)而丧失了一性(oneness)。“这样的安排可以**行得通**，但是理论问题并未得到解决。”(第 23 页)问题是：“多性**怎么**能和一性和谐相处。”(第 118 页)回到纯粹经验是没有好处的。“只是感觉还不能解答我们的迷惑。”(第 104 页)即使你的直觉是个事实，直觉并不是一种**理解**。“它仅是个经验，并不提出前后一致的看法。”(第 108—109 页)作为事实或者真理呈现出来的这些经验，“我发现我的理智并不接受，因为这些经验相互矛盾。这些经验提供了多种事物的复合体，而这些多种事物又以一种方式联

---

① 《现象和实在》(*Appearance and Reality*)，第 152—153 页。

结在一起，这个复合体并不习惯于用这种方式联结起来，而且这个复合体也不能把这种方式当作它自己的方式重复使用……。为了感到满足，我的理智必定要理解，但是它不能根据聚集在一起的观念作笼统的理解”（第 570 页）。所以，布拉德莱先生为了“理解”的单独利益（如他设想的那种功能），就永远不顾有限的经验了。真 353
理必定在相反的方向，即绝对的方向；从此，这种理性主义和自然主义，或者（如我现在要称作的）实用主义走上相反的道路。对于理性主义和自然主义来说，那些由理智分析出来的成果是最真的，当这些成果转向绝对的时候，就几近于绝对把多和一统一起来的诸多方式加以象征化。对于实用主义来说，那些最成功地回到有限的感觉之流、并且最容易逐渐与某些特殊的波或子波合流的东西才是最真的。这样的合流不仅证明理智运作已经是真的（如一次加法可以“证明”一次减法已经正确地完成了），而且，按照实用主义，这样的合流组成了我们称作真的一切东西。只有这些东西成功地或者不成功地把我们再引导到可感觉的经验里，我们的抽象概念和普遍概念才是真的或者是假的。

三

在我的文章“纯粹经验的世界”的第六节里，我大体上采取这样一种常识性的信念：我们不同的心智认识这同一个世界；但是，辩证的论点坚持认为这在逻辑上是荒谬的，这种论点我未曾加以讨论。认为这是荒谬的通常的理由是，这种论点假定一个物体（即
世界）同时处于两种关系之中；即既与我的心智有关系，也与你的 354
心智有关系；用在第二种关系里的一个词项在逻辑上不可能是用

在第一种关系里的同一个词项。

我在和绝对主义者讨论的时候常常听到他们强调这个理由。如果这个理由是确实的，它就会完全摧毁我的彻底经验主义，所以我不得不倾听这个理由，并且严肃地探求它的力量。

例如，假定争论的事是M项，我们肯定它一方面和L有关系，而另一方面又和N有关系；并且假定这两种关系相应地用L－M和M－N来表示。如果我假定这个经验可以立即到来并赋予L－M－N的具体形式，而在M项里没有双重或者内部分裂的痕迹，人们告诉我这完全是一个通俗的错觉；人们还告诉我L－M－N在逻辑上意味着两种不同的经验，即L－M和M－N；虽然从绝对之超级观点来看，绝对可以，而且确实必须把它自己的那种统一性当作是M的两种异体，可是这两个M作为有限经验里的元素，却是不可复原地分散着，因而这两个M之间的世界是破裂而不能沟通的。

在论证这种辩证的论题方面，人们必须避免从逻辑的观点滑到物质的观点。在用一个具体的例子来固定人们的观念上，我们容易选择一个例子，其中字母M代表某种集合名词。M这个名词的某
355 一部分和L有关系，而另一部分和N有关系。M在表面上与L和N都有关系，而在内部却是两个东西。这样，人们可能会说："大卫·休谟的体重是多少磅。他的学说影响后代。"他的身体和他的学说是两码事。我们有限的心智能够发现这两者之间并无真正相同之处，虽然休谟这个名字包括他的身体和他的学说。那么，人们会继续说，"只有一个绝对才能把这样一个非同一的东西统一起来。"我说，我们必须避免这种例子；因为辩证的顿悟，如果是真的，必须普遍地应用到诸多的词项和关系上去。这种顿悟对于集合名词和抽象单

位都应当是适用的；如果我们用具体例子来证明顿悟，我们必须用最简单的例子，才能避免毫不相关的重要的联想。

绝对主义者的论点，就它的普遍性而言，似乎使用休谟的观念作为它的大前提："我们的一切明晰地知觉到的东西都是明晰的生存的东西（existences），而且心智决不知觉到明晰生存的东西之间的任何真实的联系。"毫无疑问，因为我们使用两个短语，先谈"M对L的关系"，然后谈"M对N的关系"，我们必定是有，或者必定曾经有过两个明晰地知觉到的东西；——这个论证的以下部分就不赘述了。但是这种推理在这里的出发点似乎是这两个**短语**这个事实；因而这就使人想起这个论证可能仅仅是语言上的。整个的 356
辩证成果在于对所讨论的经验赋予一种天生的构造方式，而这种构造方式和我们用来描述经验的语言之构造方式相似，这不是可能的吗？难道仅仅因为我们命名它的两种关系时用过它两次，我们就必须肯定M的客观双重性吗？

坦率地讲，除此之外，我想不出这种辩证结论的其他理由！① 因为，如果我们以为，不是由于我们的词语，而是由于我们认为这些词语所表示的任何简单具体的事情，这个经验本身就表明上面所肯定的悖论是错误的。我们确实使用两个分开的概念来分析我们的对象，但是我们一直知道这两个概念是可以替代的，而且L－M里的M和M－N里的M**意味着**（就是，能够导致于和终止于）可感觉到的经验的一个完全相同的部件M。这种经验持续体的某些单位，或

① 从技术上说，似乎可以归类为"组合的谬误"。双重性既是L－M和M－N这两个整体的属性，也是M，这两个整体的一些部分之一的属性。

者重点，或者点，或者对象，或者成员的——你愿意叫它们什么就叫它们什么——这种持久的同一性正是这种经验持续体的诸多连接性的特色之一。我对于这些特色不得不一再坚持，十分强调。因为许多相同之处是经验之不可消除的结构的一些部分。当我听到敲钟，然后随着生命的流逝，其后像消失，我仍旧可以旧事重提，把它
357 说成是“那同一个钟声”。当我看见一件东西 M，L 在它的左边，N 在它的右边，我把这件东西看作是一个整体 M；如果你告诉我说，我已经不得不“用”(take)了它两次，我的回答是，即使我“用”了它一千次，我仍旧会把它看作是一个单位[①]。它的统一性是原始的，正如我连续“用”的众多性是原始的一样。它作为那个 M，作为我所遇到的一个单数，是完整未破的；它们作为那些“用”，作为我的操作的复数，是支离破碎的。统一性和分离性是谨严地协调的。我很难推测反对我的人为什么认为分离性更加容易理解，竟然需要用它来感染整个的有限经验，并且把这个统一性(现在作为一个勉强的基本原理而不再作为一个确实可以知觉到的东西)划在绝对之秘奥的领域里。我说，我不易推测，因为我所说的反对我的人不至于只是夸夸其谈；可是我在他们的谈论里能够领会的是，用适用于某些词语的东西来代替适用于这些词语所表示的东西。反对我的人停留在词语上，——不回到生活之流，而生活之流是词语的一切意义的源头，

① 请参看我的《心理学原理》(*Principles of Psychology*)，第一卷，第 459 及此后各页。在我写字的时候，有一张纸(它有正反两面以及两面之间的一切)既在我的笔之下，又在这张桌子上。必须为赞成这个观念而辩论(正像我现在不得不做的那样)似乎的确有点“古怪”——认为它是两张纸的这种说法似乎是厚颜之至。可是我有时候怀疑绝对主义者的诚恳！

并且总是随时把词语重新吸收进去。

四 358

这个论证没有证明任何事情，那么，我们可以继续相信，一个事物能够为许多认知者所认知。但是否定许多关系之中的一个事物只是另一个更加深刻的辩证难题。诡辩学派说，人不可能是善的，因为人是人而善是善；而黑格尔和赫尔巴特在他们那个时代，近年来的斯皮尔(H. Spir)，以及最近而又最精巧的布拉德莱先生都告诉我们，一个词项在逻辑上只能是一个微小的单位，而且事物之间的联结关系没有一个在理性上是可能的，这些联结关系似乎是经验产生的。

当然，如果这是真的，这就彻底结束了彻底经验主义。彻底经验主义根据表面价值看待联结关系，认为这些关系和这些关系所联结的词项同样真实。彻底经验主义把世界当作一种集合，其中某些部分有联结的关系，而其他一些部分有分离的关系。两个部分，本身并不相连，却可以靠媒介物以各种方式联结起来，因而整个世界最终也以相似方式联结在一起，因为从世界的一个部分到另一部分的连接性的转折之某些通路可能总是可以识别的。这样有确定界限的各种联结可以称作锁链式的联合，以别于“彻底”型的联合，“总体之中有个体，个体之中有总体”(人们可能把它称作总的合流之联合)。许多一元论哲学认为，当把事物放在它们的绝 359
对的现实里看待的时候，便可得到这种彻底型的联合。一个部分的合流常常在锁链式的世界里经验到。我们的概念和我们的感觉是合流的；同一个自我的相连续的状态和这同一躯体的感情是合

流的。在经验不是合流的情况下，这种经验可能具有共同边界性(conterminousness)（诸多事物之间只有一个事物）；或者具有贴近性(contiguousness)（事物之间一无所有）；或者具有相似性(likeness)；或者具有靠近性(nearness)；或者具有同时性(simultaneousness)；或者具有在里性(in-ness)；或者具有在上性(on-ness)；或者具有介词 for 性；或者具有简单的介词 with 性；或者甚至于只是具有 and 性，最后这种 and（和）的关系会把不管怎样分离的世界联结起来，在这种情况下，无论如何可以把这一个世界联结成为一个可以"论说的"宇宙。布拉德莱先生告诉我们，我们实际上体验到的这些关系没有一种可能是真实的[1]。因此我的下一个责任必定是要把彻底经验主义从布拉德莱先生的手中拯救出来。幸运的是，在我看来，他的一般论点，即关系这个观念是明确
360 地难以想象的，已经为许多批评家所驳倒。[2]

复述已经公开出版的优良论证实在使人感到厌烦，而且对于

[1] 读者在这里也要小心，不可以从逻辑的思考滑到现象的思考。我们之所以错误地归因于某一种关系，是因为该事例的情况复杂，欺骗了我们。这是很有可能的。我们在火车站可能认为移动的是我们乘坐的火车，而不是我们在窗子里见到的那列火车。我们在这里把运动放错了它在世界里的位置，但是运动在它的原始位置上是现实的一部分。布拉德莱先生所说的意思并非如此，而是认为像运动这样的事情无论在哪里都不会是真实的，因而，即使在这些事物之本原的和经验上难以改正的位置上，关系都是不可能理解的。

[2] 特别是，安德鲁·塞思·普林格尔-帕蒂森(Andrew Seth Pringle-Pattison)在他的《人和宇宙》(*Man and the Cosmos*)中，霍布豪斯(L. T. Hobhouse)在他的《知识论》(*Theory of Knowledge*)第十二章中（"判断的有效性"）以及希勒(F. C. S. Schiller)在他的《人道主义》(*Humanism*)第十一篇文章中，作了有力的驳斥。其他重要的评论（按照我的意见）是霍德(Hodder)的评论，见《心理学评论》(*Psychological Review*)，第一卷，第 307 页；斯托特(Stout)的评论，见《亚里士多德学会的会议记录》(*Proceedings of the Aristotelian Society*)，1901—1902 年，第 1 页；以及麦克伦南(MacLennan)的评论，见哲学月刊(*Journal of Philosophy*)等等，第一卷，第 403 页。

读者和前面的作者都是不公平的。所以，在评论布拉德莱先生的观点上，我只限于维护彻底经验主义。

五

彻底经验主义根据表面价值看待已知的联结关系。彻底经验主义的第一个责任是把某些联结关系归为更为内在的一类，把某些联结关系归为更为外在的一类。如果两个词项**相似**，这两个词项的内在本质就成为这种关系的一个部分。这两个词项既然**相似**，不管何时何地，它们的相同之处，如果断定了，就不能加以否定。只要这两个词项继续存在，这个相同之处就是继续可以预测的。其他的关系，例如，**何时何地**，似乎是偶然发生的。例如，这张纸可以在这张讲台“上”，也可以掉“下”来，在任何一种情况下，这种关系仅仅涉及它的两个词项的外在部分。这两个词项都有一个外在部分，这个外在部分就使得这两个词项具有这种关系。这种关系是外在的：这个词项的内在本质对于这个外在部分无关紧要。任何一本书，任何一张台子都可能有这种外在关系，这种关系只有 361
在这个时机，不是由于它们的存在，而是由于它们偶然的情境而产生。正是因为经验的诸多连接关系似乎是外在的，因而纯粹经验的哲学在它的本体论上必定趋于多元论。例如，只要事物具有空间关系，我们甚至于可以自由想象这些事物有不同的来源。如果这些事物竟然得以**存在**(to be)而进入空间的话，那么，它们可能是已经各别地存在而进入空间。然而，一旦进入空间，它们相互之间都是**附加之物**，而且各种空间关系可以添加到这些事物上去而不损坏它们的本质属性。事物怎么竟然会存在的问题，无论如何，

和诸多事物一旦有了关系，这些关系可能以什么作为主要因素的问题，是完全不同的。

布拉德莱先生断定，像我们现在谈论的空间关系这一类外在关系的对象必定和没有这样关系的对象完全不同。这可能刚才在前面已经似是而非地加以肯定。当这本书在讲台上的时候，不仅情境不同，而且这本书本身和它从讲台上掉下去时的那本书也不
362 相同。① 他承认“这样的外在关系似乎是可能的，而且甚至是存在的……。你不会改变你所比较的或者在空间重新安排的东西，这在常识上似乎是十分显明的，但是，在另一方面，还有同样显明的困难是常识还没有见到的。因此我要指出这些困难……。这种结果之中有一种关系，而且我们听说，这种关系在它的词项上没有差别。但是，果真是如此的话，这种关系对于什么才有差别呢？〔至少对于我们旁观者也没有差别吗？〕而且用这种关系来修饰这些词项的一般意思和特殊意义又是什么呢？〔这个意思想必是要说明它们的相对位置的真相。②〕总而言之，如果这种关系对于这些词项是外在的，它怎么能够适合于这些词项？〔小小的介词‘of’在这

① 再说一遍，不要从逻辑的情境滑到物质的情境。当然，如果这张桌子是湿的，它会使这本书受潮，或者如果这张桌子很小而这本书又很重，书就会压垮桌子。但是这样的次要现象不是争论的问题所在。争端在于这些“在上”和“不在上”的连续关系是否能够在理性上（而不是物质上）沿用这些相同而不变的词项（作抽象的理解）。A. E. 泰勒教授以颜色对比为例，证明 A“在和 B 作区别性的对比时（contra-distinguished）与不受任何影响的 A 并不是相同的东西”（《形而上学原理》，1903 年，第 145 页）。他从逻辑的思虑下降到物质的思虑了。请注意这里用“受影响”代替了“有关系”。这是以假定为论据的狡辩。

② 但是，布拉德莱先生在第 579 页上心情很愉快地问，“是否有任何意思，而且如果有意思，又是什么意思呢？这个意思实际上仅仅是外在的而且是‘关于’事物的？”这样的问题确实可以不作解答。

里使人想起我一直强调的‘本质性’，这不正是布拉德莱先生的困难所在吗?〕……。如果这些词项从它们的内在本性上并不进入这种关系，那么，就这些词项而言，它们似乎就没有理由相互关联……。事物最初以一种方式在空间相关联，然后却以另一种方式
相关联，但是事实本身无所改变；因为人们认为这些关系仅仅是外 363
在的。但是我们的回答是，果真如此的话，我们不能理解凭借这些词项舍弃一组关系来采用另一组新的关系的过程。如果这些词项对于这个过程无所影响〔这些词项对于这个过程确实有全部的影响!〕这个过程以及对于这些词项的结果似乎是彻头彻尾地无理性的。〔如果“无理性的”在这里意味着仅仅是‘非理性的’，或者是从两个词项中的一个词项不能单独推定的，那是无可谴责的；如果那意味着和这样的本质‘相矛盾的’，布拉德莱先生就应该指明矛盾之所在以及如何相矛盾。〕但是，如果它们有所影响，它们必定受到内部的影响。〔何以如此，如果它们只影响它们的表面? 在这样的一些关系中，如‘在……上’、‘一英尺远’、‘在……之间’、‘其次’，等等，仅仅涉及表面而已。〕……如果这些词项起到任何影响，那么，这些词项就受到这种安排的影响〔内部改变了?〕……。我不否认，为了讨论的缘故，我们把某些关系当作仅仅是外在关系来处理，并且处理得很好，那当然不是这场争论的问题所在。这场争论的问题是……在结果里和在原则上，一个仅是外在的关系〔也就是，不迫使一个关系的词项同时改变这些词项的本质而这个关系就能改变〕是否可能，并且是由事实迫使我们接受的”。①

① 《现象和实在》，第2版，第575—576页。

布拉德莱先生下一步回复到空间的诸多矛盾。根据他的看
法,这些矛盾证明空间是不真实的,虽然空间看起来是十分丰富的
364 外在关系的媒介;因而他的结论是,“无理性和外在性决不是事物
的最后真相。为什么这和那一起出现,这总得有个理由。这个理
由和现实必定存在于整体之中,而词项和关系都是从整体之中抽
象出来的东西。它们的内在联结必定在这整体之中,决不能从前
提中得出的这些新鲜结果是在这种背景下从这整体之中出现的”
(第 577 页)。他补充说,“在整体是不同的情况下,起修饰和影响
作用的词项必定是相应地不同……。这些词项只是相应地有所改
变〔相应到什么程度?相应到更甚于外在地,而不是彻头彻尾
地?〕,但是,他们仍旧是改变了的……。我必须坚持,在每一种情
况下,这些词项受到这些词项的整体的修饰〔怎样地修饰?——它
们的外在关系、情境、日期等等在新的整体之中有所改变,而不能
尽量相应地修饰这些词项?〕,而在第二个情况中有一个整体在逻
辑上和在心理上都不同于第一个整体。因此,我坚决主张,在促成
这种改变方面,这些词项要尽量加以改变”(第 579 页)。

那么,不仅是关系,而且词项也都改变了:尽量(*und zwar*)
“改变”。但是尽量到什么程度则是整个问题的所在;而“彻底”似
365 乎(虽然布拉德莱先生的话多少是未作决定说出的[①])是十足的布

① 我之所以说“未作决定的”,是因为,除了这个听起来极不认真的“尽量”之外,布拉德莱先生还在这几页上的几段文字里承认多元论的主题。例如,请阅读第 578 页,他提到,虽然一个桌球在它的位置改变时,它的“特性”(character)则保持不变,而它的“存在”(existence)却改变了;在第 579 页上他谈到这种可能性:一个事物里的一个抽象性质 A、B 或者 C“可能毫无改变”,虽然这个事物改变了;或者阅读第 580 页,他承认红头发的性质,在从一个人身上分析出来和与这个人的其余性质一起出现时,可能

拉德莱式的答案。在这里被布拉德莱先生当作是第一性的并且决定每个部分的“促成”方式的“整体”，当它改变时，必定是整个儿地改变。必定有它的诸多部分的总的合流，每个部分相互流进而又流过。这个“必定”在这里看起来像一个长官的命令。它是表达布拉德莱先生经过绝对主义锻炼的“理解”之具有权威性的武断用语，因为他坦率地承认，他还不知道在这些部分影响不同的整体的时候，它们是怎样的不同(第 578 页)。

虽然我极想理解布拉德莱先生的理解所借以道出的权威，他的话丝毫也没有改变我的主张。因为他没有作出相反的证明，“外 366
在关系”一点也没受到影响，不但实际上仍旧可用，而且还是现实之完全可以理解的因素。

六

布拉德莱先生的理解力显示他对知觉出分开的东西有最不寻常的能力，但在理解连接的东西上又最为无能。人们会自然而然地说“两者都不或者两者都是”，但是布拉德莱先生并不这样说。当一个普通的人从经验之流中分析出一定的“存在之物”(whats)

“没有改变”。他为什么立即加上这么一句：多元论者声称这样的一些抽象概念的无变化会是一种用与命题无关之事物作为论据的谬误？要承认它是这样的谬误是不可能的。整个的逻辑反驳和审问正是在于：你能够从许多现存的整体中抽象出来的部分是否也能影响其他许多整体而不改变这些整体的内在本质。如果它们能使各种整体形成新的完形性质的话，那么，相同的元素在逻辑上就能够存在(exist)于不同的整体之中〔是否物质上可能，就要依赖附加的假设〕；部分的一些变化是可以想到的，而彻底的变化就不是一个辩证的必然；一元论只是个假设；一个靠积累组成的宇宙也是一个在理性上适当的假设。总之，彻底经验主义的一切论题都是适当的假设。

时，他理解这些“存在之物”的区别性就是这样隔离开来的。但是这并不妨碍他同样很好地理解这些“存在之物”之相互结合是在具体事物之中最初经验到的，或者这些“存在之物”在其和新的可感觉经验的合流之中作为“相同的东西”再行出现。名词和形容词，以及“那个”(thats)和抽象的“存在之物”，回到可感觉的呈现之流中，又逐渐合流，因而系词“是”就给所有这些连接之经验命名。布拉德莱先生理解抽象概念的隔离，但是要理解结合，

367 则对他是不可能的。[①] 他说，“要理解复合体 AB，我必定要从 A 或者 B 开始。比方说，从 A 开始，如果我只能找到 B，我就失去了 A，或者得到了除了 A 以外的其他东西〔“以外”这个词在这里似乎非常重要，意味着一个“外在的”连接，所以是不可理解的〕，因而在这两种情况下我都没有理解。[②] 因为我的理智不能把一个多样的东西简单地联合起来，我的理智本身也没有联合性的任何形式或者方式，因而，如果在 A 和 B 之外，你事实上把这两

① 就我所能领会他的心智状态而言，这种状态大致是这样的：“书”、“桌子”、“在……上”——这三个抽象的元素的存在(existence)怎么会得到：这本书是真实地在这张桌子上？为什么不是这张桌子在这本书上？或者为什么这个“在……上”不和另外一本书连接起来，或者和不是桌子的某种东西连接起来？这三个元素中的每个元素里的某些东西不是必定已经决定其他两个元素和它配合，这样这两个元素就不在其他地方落脚或者浮游无定吗？这整个事实不是必定事前就显示在每个部分里，而且在每个部分事实上存在之前，在法理上就存在了？但是，如果是这样的话，法理上的存在由于什么，如果不是由于整个事实之构造的精神微型(spiritual miniature)，这个微型把每一个部分因子作为它的目的而实现的话？但难道这决不是古老的形而上学的谬误？这种古老的形而上学的谬误就是：在一个实际存在的事实后面寻找这个事实的基础，然后在这个相同事实可能情况下的形态中找到这个事实。在某个时候，我们必须放弃一种在它后面一无所有的构造。

② 这可应用到“书—在—桌—上”的例子。——作者

者连接的东西提供给我的话，你则一无所获。因为对于我的理智来说，这两者连接的东西只不过是另一个外在的元素。而且‘事实’，对于我的理智，一直到满足我的理智以后才是真的……。理智在它的本性里并没有仅是联合性的本质”（第 570、572 页）。

当然，布拉德莱先生有权把“理智”界说为我们借以知觉分开的东西而不知觉联合的东西的那种能力——如果他适当地引起读者注意的话。但是为什么声称这样一个残缺的能力必定要在哲学里拥有至高无上的权力，并且为了这种权力的利益诅咒整个经验世界的无理性呢？他在其他的地方（第 568 页）给予理智以一种自愿的转变，但是他说，当他在活生生的经验里寻找**这些转折**的时候，他“不能确证这样一个解决办法”（第 368
569 页）。

可是他决不解释这些转折会是什么样子，如果我们有理智上的转折的话。他只是消极地给它们下了界说——不是空间的，时间的，叙述的，或者因果的；或者在质量上或者在其他方面是连续的；或者在任何方式上是关系的，正如我们天真地追溯诸多关系，因为关系把词项**分开来**，而且关系本身需要无限地勾连起来。他用来描述一个真正的理智转折的最接近的方法是，他提到 A 和 B，“各从它自己的本性而在一个整体之中联合在一起，而这个整体是 A 和 B 的本性”（第 570 页）。但是这（对不起，布拉德莱先生，这似乎和眉毛胡子一把抓是完美地类似，如果不是多得无法处理的话）只说明纯粹经验大量提供的**合流**，正像“一块糖”里的“空间”、“白”和“甜”是合流的，或者身体运动的、皮肤的和光的感觉在

“我的手上”是合流的。[①] 布拉德莱先生的理智需要把转折作为出于理智的自愿。我在转折里所能够确定的是这些和其他
369 可感觉到的连接(特别是空间连接)在心理上保留的印象,而这种印象十分模糊,它的本来面目是不易认识的。总而言之,布拉德莱一再复述那个狗、骨头和骨头在水中的倒影的寓言。无数的具体东西本来就是以确定的各种连接和各种确定的连接最美好地联合在一起。你一了解这些具体东西的事实,你就“理解”这些东西是“怎样”联合起来的了,[②]因为,除了这个已知事实之构造以外,是没有怎样联合这个问题的;我说,他有了纯粹经验中的所有这一切,他却要求抽象之中的某种难以用言语形容的联合。如果他获得这种联合,那也只不过是他已经充分据有的东西的复本而已。他确实滥用了社会给予我们这些头脑里装满难题的哲学家的特权。

这样的论战文章令人厌恶;绝对主义占据了许多场所,在这种情况下不为我的彻底经验主义辩护以抵御绝对主义,就会当作是肤浅或者无能。我不得不作出结论,绝对主义的辩证法丝毫没有使得通常的连接失效。我们所经验到的世界是靠这些连接的东西以各种不同的方式联结起来的。绝对主义并未使经验的知识论受

---

① 这种争论真是毫无意义:在这样的一些整体里(或者在“书—在—桌—上”,“表—在—袋—内”等),这种关系是词项之间的一个附加实体,须要这个实体本身再和每个词项关联起来!布拉德莱(《现象和实在》,第32—33页)和罗伊斯(《世界和个体》,第1卷,第128页)都极为可爱地重复这句深奥的话。

② 我理解布拉德莱先生的意思,“为何”和“从何”完全是另外的问题,不在讨论之列。不是经验怎样得以产生,而是经验产生以后怎样能够成为它现在的样子,这才是难题所在。

到多大的触动，因此，让我们继续相信常识：如果我们有任何理由以为一个对象**是**已被认知的，那么它就**可以**为许多认知的人所认知。

二、活动的经验[1]

……布拉德莱先生把活动这个问题称作是哲学的耻辱，因而 370
如果人们阅读这个课题的现行文献——包括他自己的著作——人
们就容易推想他所说的意思了。反对者们甚至不能相互了解。布
拉德莱先生对华德（Ward）先生说，“我不管你的圣谕是什么内容，
但是，你的荒谬的心理学竟然在这里成了福音；……但是，如果这
种启示确实有意思，我只能作这样的承诺：这项圣谕的内容十分混
乱，因而它的意义是不可能发现的，或者，在另一方面，如果我们能
够精确地指出这项圣谕的确定内容的话，那么那个内容就会是错
误的。”[2]华德先生接着提到布拉德莱先生：“我甚至不能想象他所
描述的那种思想状态……。他的描述读起来像是一位作家篡改赫
尔巴特学派心理学的一篇并非有意作出的滑稽文章。这位作家还
没有刻苦掌握这种心理学，就想加以改进。”敏斯特伯格
（Münsterberg）排斥和他自己相反的见解。他说：任何人认为自己
的见解是对他的见解的理解，这是“基本的排斥”；而罗伊斯在评论 371
斯托特（Stout）的文章里用很长的篇幅责难斯托特为“效力”所作

① 1904年10月在美国心理学会上所作的会长演讲，根据《心理学评论》第12卷，（1905年）重印，文字稍有改动。

② 《现象和实在》，第117页。此书显然针对华德而写，虽然不曾指名道姓。

的辩护。[①] 我在斯托特的文章里却没有推想到效力这个观念，而且我听斯托特自己说过，“效力”这个观念和他的意图毫不相干。

在这些讨论文章里，清晰的问题常常弄得混杂起来，并且把不同的观点混在一起加以讨论。

(1) 有一个心理学的问题：我们有活动之具体知觉吗？如果有的话，这些知觉是什么样子，我们何时何地有这些知觉？

(2) 有一个形而上学的问题：有活动这个事实吗？如果有的话，我们必须用什么观念把活动具体表示出来？它像什么样子？如果它做任何事情的话，它做什么？最后还有一个逻辑的问题：

(3) 我们从何处来认知活动？只是从我们对于活动的感觉(feelings)？或者从信息的某些其他来源？人们不知道在整个文献里遇到的是哪一种问题；通篇只是描述经验的表面文章，似乎这种描述暗含着回答了这三个问题。此外，这些争辩的人物当中没有一个试图指明他自己的观点会导致什么实用主义的后果，或者，如果他的对手获胜的话，他的观点又会在任何人的经验里得出什么可以确定的具体差异？

372 这事在我看来似乎是：如果彻底经验主义有任何好处的话，彻底经验主义和它的实用主义的方法、它的纯粹经验的原理就应当能够避免这样的一些困惑，或者至少能够在某种程度上简化这些困惑。实用主义的方法从这种假定出发：真理的差异总是在一些地方有事实的差异；而且实用主义的方法力求尽快地把这种讨论紧扣在某些实际的或者具体的争端上来决定一切意见差异的意

---

① 《精神》杂志，N. S. ，Ⅵ，379。

义。纯粹经验的原理也是一种方法上的假定。这个原理认为，除非某个经验着的人在某个确定的时候能够经验到的事物，没有任何事物应当当作是事实；而且一定要在现实的最终体系里为这样经验到的事实的每个特色找到一个确定的地方。换句话说，每一个真实的事物必须是在某个地方能够经验到的，而每一种经验到的事物必须是在某个地方是真实的。

我们有了这几条方法上的规则，请看活动的这些问题呈现给我们的是什么面貌。

根据纯粹经验的原理，“活动”这个词必定毫无意思，或者就是：这个词的意思的原始类型和模式必定存在于能够明确指出的某种具体经验之中。不管我们最后对于活动作出什么最终的判
断，**那种**事物将是这些判断所要作的对象。那么，要采取的第一步 373
是问：在经验之流的什么地方我们似乎找到我们所谈的活动。我们对这样找到的活动该怎样考虑呢？这是以后要问的问题。

凡是在我们找到任何事物**正在进行**的地方，我们就禁不住要对于活动加以肯定。对某个**正在进行**的事物的任何理解，在最广泛的意义上，就是活动的一种经验。如果我们的世界只能用“无事发生”、“毫无变化”、“无所事事”这些话来描述的话，我们应该毫无疑问地把它称作“不活动的”世界。那么，赤裸裸的活动，我们可以这样叫它，意思是指事件或者变化之赤裸裸的事实。“正在开始的变化”是经验的独特的内容。这是彻底经验主义极力寻求以恢复和保存的那些“有连接性的”对象之一。因此，在最广泛和最含糊的情况下，活动感和“生活”感是同义的。即使在注意到并且宣布一个在其他方面是不活动的世界时，我们应当至少感到我们自己

的主观生活。我们自己对于主观生活的单调乏味的反应就会是在主观生活里以某个事物即将过去的形式而体验到的那唯一事物。

某些作者坚持：一个经验着的人存在着就是活动的。这似乎就是他们说这话时心里所想的。这似乎证实，或者无论如何解释
374 了华德先生的话：只有在我们是活动的时候，我们才**存在**①，因为我们仅仅作为经验者才存在。因而它就排除了布拉德莱先生的争论之点："像活动这样的原始经验是不存在的。"这样简单地加以论述的活动，我们应当说些什么，谁的活动，这些活动产生什么后果，或者这些活动是否真能产生任何事物——这些都是以后的问题，只有在经验的领域扩大了的时候才能回答。

赤裸裸的活动就会是可以预测的了，虽然没有确定的方向，没有活动的人，也没有活动的目的。仅仅是无休止的杂乱动作，或者一个疯狂的"观念流"，或者如康德所说的"感觉的狂想曲"，都会构成一个有别于不活动的活动的世界。

但是在我们的这个现实世界里，正如我们已知的世界，这种活动至少有一部分是按确定方向而来；它和欲望和目标感一道而来；它压倒抗拒的力量或者屈服于这些力量，而且抗拒的感觉又常常激起分外的努力，这就使得活动来得复杂了；因而在诸如此类的复杂经验里就出现了明晰的动因的观念以及与主动性相反的被动性的观念。这里还出现有原因的效力这种观念。描写心理学里最精细的工作或许是近来各个作家对更加复杂的活动情境的分析。在

---

① 《自然主义和不可知论》(*Naturalism and Agnosticism*)，第 2 卷，第 245 页。人们在这里自然想到亚里士多德式的第一性行为和第二性行为。

他们的描述里，有些描述精微异常，[①]这种活动看起来有完形性质，或者有可靠的内容(fundirte inhalt)[②](或者你愿意叫做连接 375
形式的其他什么东西)。当你以这些作者所描述的方式经验到这种活动的时候，内容就落到这种形式里去了。这些关系里的这些因子就是我们所说的活动情境的意思；这些活动情境的环境和成分之可能的细目和积累似乎没有自然的界限。人类生活中的每一小时都能够促成这个画图的呈现；因而这正是我们能够找出的描写心理学的唯一过错——它在哪里停下来？我们应当永远聆听我们在胸中已有具体形式的东西的言语画图么？[③] 这些言语画图没有使我们跳出肤浅的层次。我们已经知道这些事实——确实，扩展得不大，分开得不多——但是我们仍旧知道这些事实。例如，我们总是觉得我们自己的活动是"与我们的自我相等同的一种观念，对着一个障碍而进行的扩张"；通过许多事例把这样一个定义彻底加以执行就精细地使得明显的事物不过是同义言词的运用而已。

所有这些描述必得刻画熟悉的梗概，并且使用熟悉的术语。例如，活动就归因于一个物质的或者心理的动因，而且是无目的的 376
或者是有指导方向的。如果是有指导方向的，活动就显出倾向。这个倾向可以遇到抵制，也可以不遇到抵制。如果不遇到抵制，我们把这种活动称作是内在的，正像一个物体依靠它的动量在别无

---

① 这些著作的存在形成了对于敏斯特伯格教授的武断意见的一个奇妙的评注：意志-态度是不能够描写的。他在他的《意志行为》(*Willenshandlung*)和在他的《原理》(*Grundzüge*)，第二部分，第九章，§ 7 里以高超的方式促成意志态度的描写。

② 原著所用 fundirte inhalt 里的 fundirte 疑是 fundiert 之误。——译者

③ 我在我自己讨论意志的那一章里曾写下罪言累累，我应该交代我的罪过。

他物的空间移动，或者我们的思想随心所欲，浮想联翩。如果遇到抵制，活动的动因就使得情况复杂了。如果，虽然遇到抵制，原始的倾向继续下去，那么努力就出现了，而且和努力一起出现的是勉强或者逼迫。每逢勉强和逼迫随着这种倾向继续下去，意志，在这个词的较为狭隘的意义上，就在现场出现了。但是抵制的力量可以大得足以抑制这种倾向，或者甚至完全改变这种倾向的途径。在这种情况下，我们（如果“我们”是这种倾向的原始动因或者主体）就被制服了。这个现象就转而成为紧张的现象，或者必然屈服的现象，按照对立的力量仅是和我们自己相等或者胜过我们而定。

任何人用这样的一些术语来描写一个经验，就是描写活动的一次经验。如果活动这个词有任何意思，它必定表示在活动里发现的东西。在它原始的第一性概念里就有完全的活动。“被当作是”（“known-as”）的东西就是出现在那里的东西。经验到这样一个情境的人具有这个观念所含有的一切内容。他感到这种倾向，
377 这种阻碍，这种意志，这种勉强，这种胜利，或者这种被迫的放弃，正如他感到这个时间，这个空间，这种快速性或者强度，这种运动，这种重量和颜色，这种苦与乐，这种复杂性，或者这种情境可能包含的任何其余的特性。在假定活动存在的情况下，他就经验到所有能够想象的东西。如果我们假定活动在我们的经验之外进行，那么我们必须假定这些活动是以诸如此类的形式进行的，不然我们就得给它们以某个其他的名称；因为“活动”这个词，除了过程、障碍、努力、勉强，或者释放这些经验之外，没有任何可以想象的内容。这些经验都是赋予我们有待认知的生活之最终特质（qualia）。

如果这就是这件事的终极的话，人们可能以为，每当我们成功地经历了一种活动情境，就应当允许我们在不引起矛盾的情况下说：我们曾经真正地是活动的，我们曾经遇到过真正的抵制，而且真正地获胜了。陆宰在某一本著作里说，要成为一个实体就必须符合一个实体，就要如此这般地作为实体而起作用，或者作为实体而被感觉到，被经验到，被承认，或者以任何方式被实现。在我们的活动经验里，这种活动确实满足了陆宰的要求。它使自身符合。378
它证明了它的努力成果。不管在我们这个非常的宇宙里可以真正存在着一些什么活动，我们在继续努力支持一个感到的目的，面对感到的障碍，并且克服障碍或者被障碍所制服。我们只有在这种戏剧性的形式里才能设想这些活动中的任何一个活动是被经历过的，或者确实被认知的。“继续努力支持”在这里的意思对于任何一个有过这种经验的人，而不是其他的人来说，是清楚的，正像“高声”、“红”、“甜”只有对于有耳、眼和舌的人才有意义一样。在经验的这些原始经验里的**知觉**是**存在**；遮着的帷幕是情境。如果有任何东西隐藏在背景里，那个东西就不应该称作活动，而应当换上另外一个名称。

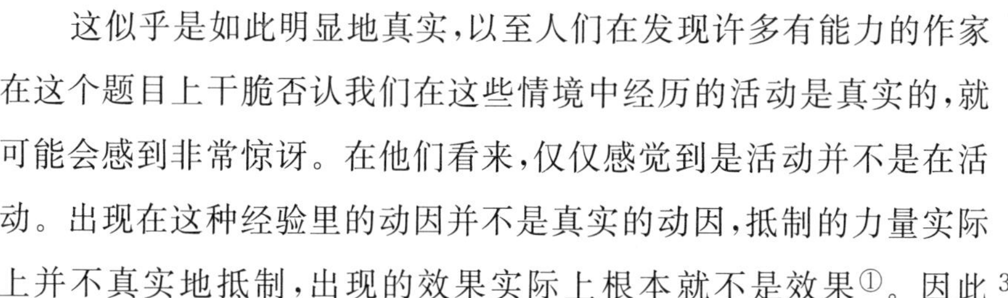

这似乎是如此明显地真实，以至人们在发现许多有能力的作家在这个题目上干脆否认我们在这些情境中经历的活动是真实的，就可能会感到非常惊讶。在他们看来，仅仅感觉到是活动并不是在活动。出现在这种经验里的动因并不是真实的动因，抵制的力量实际上并不真实地抵制，出现的效果实际上根本就不是效果①。因此 379

① 例如：“活动的感觉，作为感觉，不能告诉我们任何有关活动的事”（洛夫德：

380 很明显，对于我们的活动经验里的任何一个活动经验的纯粹描述性分析并不能说明整个问题；仍旧有某个事物可以说明这些

《精神》杂志 N. S. ，X. 463)；“活动的知觉(sensation)，或者感觉或者活动感……，从另外一个方式来看，根本就不是活动的感觉。它只是一种和感官刺激联系在一起的知觉，在这种知觉里你不能用思考来得到活动的观念……。无论这种经验是或者不是以后成为我们活动的知觉或者观念里主要的特性，这种经验，因为它是最先来的，本身根本就不是活动的经验。因为它是最先来的，由于外在的理由，并且在一个外面的观察者看来，它才是活动的经验”(布拉德莱：《现象和实在》，第 2 版，第 605 页)；“活动中的感觉，就其本身而言，丝毫不能证明心理活动的客观存在”(敏斯特伯格：《原理》等等，第 67 页)。可以引用的类似的文字很多，我本来还可以在我的文章里引用一些，以便使得我的文章更加具体，但是这些作者多半在讨论当中把不同的观点混在一起(敏斯特伯格的文章除外)，把他们要说的意思梳理清楚是不可能的。我确信，无论如何，人们要责备我即使在这个脚注里也没有引用他们的全文而完全误传了他们讨论的内容，所以我越少指名道姓，越多以提意见的合理形式把他们的特性作抽象的描述，就越安全。至于误解，我可以在这个脚注里补说我的怨言。斯托特教授在他的《分析心理学》第一卷讨论“心理活动”极为精彩的那一章里责备我把某些肌肉的感觉和精神的活动等同起来，并用引文为他作证。这些引文摘自论“自我”的几个段落，我在这几段文章里是要说明我们称作“我们的”这些活动的主要核心是什么。我在某些头颅内部运动里发现了这个核心。我们把这些运动习惯上当作是“主观的”，和超躯体(transcorporeal)世界的活动相对立。我力图指明，没有直接的证据说明我们感觉到这样的内部精神动因的活动(现在我应当说，这就是“意识”的活动。请参看我的论文《意识存在吗？》见《哲学月刊》，第 1 卷，第 477 页)。事实上，在讨论的范围之内有三种可以区分的“活动”：包含在经验之平平常常的那个里的初等活动，包含在这个事实里：某事在进行，而这个某事可以再细分成两个存在之物(whats)，一个是感到是“我们的”活动和一个是归因于对象的活动。斯托特，按照我对他的理论的理解，把“我们的”活动等同于整个经验过程的活动，因而，当我把我们的活动仅仅当作是整个经验过程活动的一部分时，他就责备我把它当作一种外在的附属部分来处理(第 162—163 页)，好像我“把这种活动从活动着的过程分离开来”。但是，这里所述的这一切过程都是活动着的，因而这些过程的活动和这些过程的存在是不能分离的。我的书只提出这个问题：哪个活动称得上是“我们的”。就我们都是“人”而言，并且和“环境”既对比又对立，我们身体的运动扮演我们的活动的角色；而且我不能找到任何其他活动，在这种严格的人身意义上，可以称作是我们的活动。在一个更广泛的意义上，整个的“天上人间”和他们的活动都是我们的活动，因为他们都是我们的“对象”。但是，“我们”在这里仅是经验整个过程的别名，事实上是一切现存事物的别名；斯托特教授挑剔的那些段落正是我专门讨论个人的和个别化自我的地方。

活动经验，这个事物引导这样一些有能力的作家设想一种真正的活动，一种活动本身，这种活动确实活动，而且不仅我们看来在活 381 动，因而和它的真实活动相比较，这种可感觉的活动只是外观美丽的赝品而已。

这里就展开了形而上学的问题；我以为受这个问题迷惑的人的精神状态常常是这样的：我们可以想象他说，"谈谈某些经验系列具有活动之感觉的形式倒也很好，正像这些系列可能具有音乐的或者几何的形式。假设这些系列果真如此；假设我们所感觉到的是一种忍受压力的意志。我们的感觉所做的不止于记录忍受压力这个事实吗？同时，真实的活动是这个事实的'做'(doing)；在把这个事实记录下来之前，这个'做'是由什么构成的？意志里面又有什么使它能够这样地行动？而且许多活动在这些经验系列本身中出现，使得这个系列继续下去的又是什么？一点点经验里的

个别化的自我，我相信是适合称作自我的唯一的东西，是经验到的世界内容的一部分。经验到的世界（否则就称作"意识领域"）总是以我们的身体作为它的中心，和视觉中心、行动中心、兴趣中心一道而来。身体存在的地方是"这里"；身体行动的时候是"现在"；身体所触到的是"这个"；所有其他的东西都是"那里"、"然后"和"那个"。这些强调位置的词含蕴着有关身体里的行动和兴趣之中心的事物之系统化；而且这种系统化现在是成为本能的了(难道过去任何时候不是如此?)，我们一切发展了的或者活动着的经验都是以那种有秩序的形式存在。就"思想"和"感情"能够是活动着的而言，它们的活动在身体的活动中结束，而且只有通过首先激起身体的活动，它们才能够开始改变世界上其余部分的活动。身体在所有的那种一连串的经验里是风暴的中心，各种配套事物的根源，以及压力的常在处所。每个事物都围绕它转，而且都从它的观点被感觉到。因此，"我"这个词，正如"这个"和"这里"一样，主要的是一个位置名词。附着于"这"位置上的活动具有特权性质的重要性，因此，如果活动有感觉的话，必定是以特别的方式被感觉到的。"我的"这个词就标明这种重要性。我一方面为"我的"活动是独特的并且和外表本质的活动相对立的观点辩护，另一方面我在内省以后肯定我的活动存在于头脑里的运动之中。我认为这两者并无不相一致之处。这些活动中的"我的"，就是这种重要性，就是这些活动浸染于其中的那种远景兴趣的感觉。

活动引起下一个点滴经验？你作为一个经验主义者不能这么说，因为你刚才宣称活动只是一种综合**对象**，或者是已经得到的几点经验之间所体验到的连接关系。但是构成这些经验的究竟是什么？推动主要经验出现的是什么？**运作**的那个活动就存在在**那里**；**被感觉到**的那个活动只是它的表面的符号。”

这个形而上学的问题突然以这种方式向我们提出，在我结束评论之前，我必定要严肃注意，但是，现在请先让我说明，若不舍弃
382 经验的直接网络，或者不问使得活动本身行动的是什么，我们仍旧发现我们不得不处理较少真实的和更加真实的活动之间的区别，因而不得不在纯粹可感知的层次上反躬自省。

我们在谈论我们的活动经验的最终特性时不应该忘记，每一个活动经验只是广大世界的一个部分，是构成历史的诸多过程的硕大锁链的一环。每一个局部过程，对于经历这个过程的人来说，由它的根源和它的目标来界定它自己；但是对于生活在这个过程之外而具有广阔的精神广度的观察者来说，那个目标会似乎只不过是一个临时的停顿之处，而主观上感到的活动会被看作是连续进入遥远的客观活动。因此，我们在讨论活动经验时，获得一种习惯，用这些活动经验与另外某事物的关系来界定这些活动经验。如果一个经验是广度狭窄的经验，要问它是什么活动和谁的活动，这就弄错了。你以为**你**是在活动，而你只是服从某个人的推动而已。你以为你正在做**这个**，但是你正在做你并不想要做的某种事情。例如，你以为你不过是在喝这杯酒；但你实际上是在创造肝硬化，结束你的生命。你以为你不过是在讨价还价，但是，正如斯蒂文森在什么地方所说，你正在制定人类政策里的一个环节。

一般说来，旁观者以他的广阔的视野，把一个活动的**最终结果** 383
当作是这个活动更加真实地在做着的事；因而他把可以探知的**最前面的动因**，由于是行动的第一个来源，当作是视野中最真实的动因。所有其他的人只传送那个动因的冲动；我们把责任加在他身上；如果有人问我们，"谁该受责？"我们就指出他的名字。

但是，可以探知的最前面的动因，比所想的活动，常常是广度更短，而不是更长。大脑细胞是我们的最好例子。人们相信我的大脑细胞接二连三地（我们姑且这样说，靠分解代谢的交替作用之连续传递）相互激动，而且早在我现在这个演讲活动之前就已经激动了。如果任何一个细胞群停止它的活动，这次演讲就会中止或者显得形式混乱。原因、间断和结果都停止了（Cessante causa, cessat et effectus）——这不是看起来好像广度短的大脑活动是更加真实的活动，而我的演讲活动只是大脑活动的效果吗？此外，正如休谟曾十分清楚地指出过的，在我的心理的活动情境里要从嘴里说出来的话就被当作是这个活动的直接目标表达出来。然而，这些话在脑球和迷走神经里没有中间的物质过程就不能够说得出来，然而这些过程根本就没有把这些话在这个心理活动系列中显
现出来。所以，那个系列由于把行动的最为重要的真实步骤遗漏 384
掉了，就不能表示真实的活动。这个系列是纯粹主观的东西；活动的一切**事实**则在其他的地方。这些事实比我的感觉所能记录的还要细微得多。

活动的**真实**事实在事实上已经有系统地为哲学家辩护过的，就我所知，有三种类型。

第一种类型把比我们的意识的时间广度更大的一种意识作为

更加真实活动的媒介。这个意识的意志就是动因，而它的目的就是所做出的这个行动。

第二种类型假定，诸多相互挣扎的“观念”是动因，因而其中一组观念的盛行就是行动。

第三种类型相信神经细胞是动因，因而结果所得的运动的成果就是这个做出来的动作。

如果我们为了这些可以替代的类型中的这个或那个类型，就必定要消除我们直接感到的活动情境的话，那么我们应该知道这种替代实际上含有什么结果。如果我说在产生结果方面，一个思维广阔的人是活动的，或者说某些观念是活动的，或者说某些神经细胞是活动的，而不是天真地说，“我”正在活动于发表这次演讲的话，这又应当产生什么实际的差异呢？

这大概就是这三个假说的实用主义的意义。请让我依次讨论这三个假说以求得回答。

385 如果我们假设一个思维广阔的人，他的目的就包括我的目的，这是显明的事。我真实地是在为他而演讲；虽然我不能确实地知道达到什么目的，可是如果我以宗教的态度对待他的话，我能够信任这是一个善良的目的，因而乐意合作。我的活动传送他的冲动，而且他的目的延伸我的目的：我想到这些而能够感到高兴。只要我以宗教的态度对待他，总而言之，他就不致消除我的活动。只要我相信这些活动和他都是善良的，他就倾向于确证我的这些活动的真实性。

如果我们现在转而讨论观念，既然联想心理学假设观念只是依次逐个相互影响的，情况就不同了。一个观念或者一对观念的

“广度”被假设为比我的总的意识领域要小得多，而不是大得多。在这两种情况下都可以得到相同的两个结果，因为这个演讲无论如何正在进行。但是，假设“真实地”使得这个演讲得以进行的那些观念，事前不曾知道这个演讲的全部内容；如果我是在前一种情况下，为一个绝对的思考者而演讲的话，那么，根据相似的推理，我的观念就是在为我而演讲，那就是，不知不觉地完成了一个我认可，并且采用的结果。但是，这个短暂的演讲结束以后，这个朴素的想法就什么也没有了，观念一直是这个演讲的诸多动因，这些动因似乎会保证我在演讲里的现在目的将会得到延伸。**我**可能以未来的发展为目的；但是我的观念本身不一定愿意或者能够把这些未来的发展加以实现。386

如果神经细胞是动因，这样相同的情况也是真的。人们把一个神经细胞的活动理解为极短距离的倾向，一个仅仅跨越到下一个细胞的“冲动”——确实因为这些细胞必定“经验”到那么多的真实“过程”，如果这些细胞之间发生的事情完全可以称作活动的话。但是这里的总的结果，如**我**所知觉它的，对于动因也是毫不重要，而且总的结果既不是希望的，也不是愿意的，或者预见的。它们之成为动因现在和我的意志相适合，这并不向我保证相同的结果会从它们的活动中重新出现。事实上，各种其他结果都会发生。我的错误、无能、误解、心理障碍和挫折，一般也都是细胞的活动的结果。虽然这些细胞现在让我演讲，在其他的时候它们使我做我不愿意做的许多事情。

真实的活动是谁的？这个问题简直等于问：**实际的结果将是什么**？它的兴趣是戏剧性的；事情是怎样完成的？如果动因都属

于某一类，那么就是用某一种方式完成；如果是另一类，那么这些事情就可能以很不相同的方式完成。总之，各种不同种类之实用主义的意义是很大的。我们采取哪一种意见，其差异不仅是言语上的差异。

387 你们看，古老的争论又回来了！唯物论和目的论；初级的短广度行动“盲目地”聚合在一起，或者早已预见的理想极力成为动作。

我们天真地相信，而且我们富有人情地、戏剧性地喜欢相信，宽窄两个广度的活动在生活中一道起作用，两者都是真实的，而且长广度的倾向奴役其他的倾向，鼓励其他倾向向正确方向发展，但是如果走向其他方向，就加以抑制。但是怎样把大倾向支配小倾向的运转方式表述清楚是形而上学思想家必得今后要花上许多年来思考的问题。即使这样的控制最后逐渐会描述清楚，在这个现实的世界里究竟可以成功地控制到什么程度，这个问题只有调查了事实的详情才能回答。关于倾向的一般性质和结构，或者大小倾向之间的关系，任何哲学知识都不能帮助我们预测在这个宇宙里引起我们兴趣的所有各种竞争倾向之中哪些倾向最易于获胜。我们知道，有远见的倾向常常达到它们的目的，这是我们从经验中得来的事实，但是我们也知道，成功所依赖的某些微不足道的小过程的失败，常常使得这些有远见的倾向遭到失败。一个政治家脑
388 膜上动脉里一个小小的血栓就会使一个帝国陷于瘫痪状态。所以，我甚至提不出这个实际争端的任何解决办法。我只是一直希望向你们表明，这个争端正引起我们的兴趣来研究什么种类的活动可以是真实的。世界上真实起作用的一切力量是更有远见的，还是更加盲目的呢？在“我们”经验到的“我们的”活动和我们的观

念的活动之间，或者和我们的大脑细胞的活动之间，这个争端已经是很明确的了。

在我结束之前，我要回过头来谈谈我刚才讲过（第 381 页）的“形而上学”的问题；所以，再说几句，我的话就结束了。

无论我们听到这个问题是以什么形式提出来讨论的，我想它总是由两件事引起的：一是认为活动里必定有**起因**在起作用的信念，一是关于起因是怎样形成的疑惑。如果我们从表面上看待活动情境，我们似乎就在现场捉住使得事实到来而存在的那种威力。例如，我现在急切地努力把我似乎半理解半不理解的真理用话说出来，这些话会使得这个真理显示得更加清楚。如果这些话说出来了，那么这种努力本身似乎就会把这些话从仅仅是可能存在的状态里抽出或者拉到实际存在的状态。这种非常的动作是怎样做出来的？**拉**又是怎样个拉法？我怎样捉住还不存在的话语，而当这些话语出现时，我又用什么方法**使得**这些话语出现？这确实是一个创造的问题，因为这个问题说到底是：我怎样使得这些话语**存** 389
在？真实的活动是那些真实地使得事物**存在**的活动，没有这些活动，这些事物就不存在，有了这些活动，这些事物就存在在那里。活动，就我们仅仅感觉到它而言，在另一方面，只是我们的印象，这个活动可以持续下去；而且一个印象，由于这种思维方式，只是另外一个事实的影子罢了。

讨论到这里，我只能指出一些原则，我认为一种彻底经验哲学在处理这样一种争论时不得不依靠这些原则。

如果有真实的创造活动**存在**在某个地方，彻底经验主义必定

说，这些活动必定立刻被保留在生活之中。有效成因的那个东西(that)和有效成因的存在之物(what)必定是合在一起而被经验到，正像只要一个人此时此地有冷的感觉，“冷”的存在物和“冷”的那个都是合在一起被经验到的。不说我们的感觉是容易弄错的，倒有好处。我们的感觉的确容易弄错。当我们说“天冷”的时候而发现温度计和我们并不一致，这并不能把冷作为一种特别的性质从宇宙中除掉。冷如果不在这里，那就在北极圈里。即使如此，当我们窗外的火车移动时，感到我们的火车在移动，从望远镜里看到月球近了一倍，或者我们通过立体镜把两个图像看成为一个立体的东西，这些感觉还是使得运动、近和立体性仍旧存在——虽然不在这里，可是每种特性都在其他地方处于它的适当位置上。因而
390 不管真实起因的位置存在在哪里，如最终知道它是“真实的”(如果你愿意，在神经过程中，这些过程是我们活动的感觉的原因，也是这些感觉促成这些运动的原因)，纯粹经验的哲学能够把这种真正的因果关系当作是在我们最错误的经验里看起来在起着作用的事物的本性。确实出现在那里的正是我们所说的起着作用的意思，虽然我们后来终于知道并不确实地在那里起着作用。持续努力，坚持，挣扎，努力，执著不放，因而最后完成我们的意向——这就是行动，这就是实现。这是一个纯粹的经验哲学能够讨论它的去处在任何地方的唯一形式。这就是在它的最初概念里的创造，这就是在起作用的因果关系。[①] 随随便便地把这当作是一个世界的赤

① 请读者不要认为这和我以前的一篇文章相矛盾。我在《意识存在吗?》(载于《哲学月刊》，1904 年 9 月 1 日，特别请看第 489 页)这篇文章里说过，“思想”和“事物”具有相同的本性，而这些本性不是在思想里，而是在事物里“有力地”相互起作用(火燃

裸裸的虚幻的外表(这个世界真实的因果关系是隐藏在三维深处 391
的一个不可想象的本体论上的本原),对于那种更加经验性的思维方式来说,只不过是另外一种形式的泛灵论而已。你根据你的“原则”来解释你已知的事实,但是这个原则本身,在你仔细看清楚的时候,就变成这个事实的一个先前的小小的精神复本。除了那个唯一种类的事实,你的心智,在考虑因果关系的时候,决无所获。[①]

烧,水润湿,等等)。心理的活动系列是由思想组成的,可是思想的成分确实相互起作用:这些成分核对、支持和引进。这种活动只是联想性的,而在努力存在在那里的时候,这些成分才相互起作用。但是,这些成分不是靠使得身体精力充沛的成分,而是靠他们本性的其他成分而起作用的。这也就是我的答复。在每个已出现的活动系列里的一个思想是一种欲望,或者一个有目的的思想,而所有其他思想都要从这些思想和这个思想的和谐关系或敌对关系里获得一种情调。这些次要调子(其中“兴趣”、“困难”和“努力”尤为显著)的相互作用使得这个心理系列里的紧张事件活跃起来。这些性质在我们称作身体事件里绝对不起作用。这个主题需要仔细研究出成果来;但是我却不能看出任何不相一致之处。

① 我发现他人多次写文章责难我维护活动的形而上学原理。因为文字上的误解延误了问题的解决,我想说的是,对于我发表的讨论努力和讨论意志的那些文章作这样一种解释和我要表达的意思决无关联。在这个主题上,我的这些学说要归功于勒努维耶(Renouvier);而勒努维耶,如我所知,是(或无论如何从前是)一个彻底的现象论者,一个根本否定“诸多力量”的人。我文章里单独的字句,如果脱离了上下文去理解,可能和能量(energy)的超现象原理相容;但是,我敢说任何人指不出一个句子,和它的上下文一起理解,竟然会鼓吹那种见解。这种曲解最初可能是由于我(仿效勒努维耶)为我们努力的非决定论辩护所引起的。批评我的人假定“自由意志”含有一个超自然的动因。作为一个普通历史的问题,我想要辩护的唯一“自由意志”是新的活动情境里的新奇之性质。如果一个活动过程是整个“意识领域”的形式,而且如果每个意识领域不仅在它的总体(totality)上是独特的(这一点现在一般已被承认),而且它的元素也是独特的(因为在那个情境里这些元素都已全部浸染了),那么新奇就不断地进入这个世界,在这个世界里发生的不全是*重复*。纯粹的重复是关于本性严格统一的那种教条所要求的。总而言之,每个活动情境都带有创新的特征而到来。自由意志的一个“本

392 因此，我的结论是，真实有效的因果关系，作为一个最高的本性，如果你高兴，作为实在的一个“范畴”，正是我们感觉到它存在的那个东西，正是我们自己的活动系列所揭示的那种连接。我们手中掌握这个真实有效的因果关系；哲学所宜做的事是停止挖掘促成实现的东西，或者使得行动动作起来的东西，而设法解决一些具体问题：实现是在这个世界里的什么地方，哪些事物是那里的真正因果动因，以及较为遥远的效果是由什么组成的。

从这个观点来看，传统上归因于形而上学探究的崇高性，这种挖掘很深的探究的崇高性，完全消失了。如果我们能够知道因果关系本身真实地并且超经验地是什么，知识的唯一用处就会是帮助我们承认一个真实的原因，如果我们竟然得出这个原因，从而更加聪明地探索出运作的未来途径。对于因果关系之隐藏的本性仅作抽象的探究并不比任何其他同样抽象的探究更加崇高。因果关系并不比其他任何事物居于更为崇高的层次。它显然存在于人间

393 的粪土之中，绝对之中或者人类不可克服的心智之中。世界的价值和兴趣并不在于它的元素，无论这些元素是事物，或者是事物的一切连接；它却存在于整个过程的戏剧性的结果之中，存在于这些元素所做出的连续阶段的意义之中。

我的同事和老师罗伊斯(Josiah Royce)在他为斯托特的分析心理学写的书评(1877 年《精神》)里在这一点上说过的好话，我由衷地同意。我不能同意他把效力的观念和活动的观念分离开来

原”，如果存在这一个本原的话，就会毫无疑问地在这样的现象里显现出来，但是我从来不知道，而且现在也不知道这个本原，除了在事前预演这种现象外，还能够做什么，或者说，人们为什么老是要求助于这个本原。

（我懂得这是他的论点之一），因为凡是活动完全是真实的活动的时候，它们都是有效力的。但是我想罗伊斯会说，效力和活动两者的内在本性都是些表面问题；因而我们解决这些表面问题的唯一要点是这些问题在帮助我们解决生活世界的进程和意义这个更加深刻的问题方面的可能用处。我们的同事说，生活充满了重要的意味、意义、成败、希望和努力、渴望、欲望，以及内在价值。生活是一个包蕴价值的总存在（presence）。在这个总存在面前把我们的生活过得好些是我们要想知道事物的一切元素的真正理由；所以，甚至我们心理学家也必须用这种实用主义的调子来作结束。

因此，活动的一些迫切的问题是更加具体的。这些问题都是长广度活动与短广度活动之间真正关系的问题。例如，当许多“观 394
念”（使用心理学里传统的名称）逐渐汇合在意识的大领域里的时候，小活动仍旧和有意识的主体所经验到的大活动共存吗？果真如此的话，这些大活动是毫无生气地随伴着这些小活动呢，还是施加控制？或者这些大活动或许完全把这些小活动排挤出来并且取而代之，加快它们的效应？此外，在一个心理活动过程和脑细胞的系列活动都终止于相同的肌肉运动的时候，这个心理过程是否引导这些神经过程？或者说，在另一方面，这个心理过程独立地加快这些神经过程的效应么？这些就是我们必须首先要问的问题。但是我还不能对于这样的一些问题提供任何确定的答案，因此我就不能把这些问题清楚地提出来。然而，这些问题转入到泛心论和本体论的思辨领域里去了，柏格森和斯特朗两位教授最近以极有能耐而又有趣的方式扩大了这方面的文献。这些著者沉思的结果似乎在许多方面并不相似，而且我到现在也还没有完全理解这些

著者;但是我不免猜想,他们的这方面工作是很有前途的,他们在追寻富有成果的踪迹方面具有猎人的直觉。

三、论处于变化中的现实之观念

395 在我的《心理学原理》(第2卷第646页)里,我把连续原理称作"中项省略和关系传递公理"。连续原理是逻辑的基础,遍有遍无公理(the dictum de omni et nullo)(或者,我把它表述为这样一个规则:凡是属于一个类的就是属于那个类的类的东西)就是连续原理最普通的例子。这个连续定律的其他例子是:多于多的即多于少;相等物的相等物是相等的;同类事物的相同之处是相同的;一个原因的原因就是它的结果的原因。在一定的抽象系列里,这种"相同之处"、"原因"等等说起来是"纯粹的",而且,除了它们的相同性(sameness)、因果关系等等之外,并没有其他的性质(properties)。虽然这个规则在这个系列里应用无讹,不受限制,但是它不能随时应用于具有许多性质和关系的具体对象上,因为要通过一系列这样的对象沿着直线追寻相同关系、因果关系,或者其他任何关系,很难不转向某个方面(respect),而原来寻求的这种关系在这个方面却不复存在:这些对象有很多的特点(aspects),因此我们总是偏离了我们原先的方向,并且发现,我们不知道为什么,我们正在追寻的东西和我们本来要追寻的东西并不相同。这样,
396 在某种意义上,猫和捕鼠笼同类,而捕鼠笼和鸟笼同类;但是在有用的或者易于理解的意义上,猫与鸟笼不同类。海军准将佩里(Commodore Perry)在某种意义上是日本新政权的成因,而这个

新政权又是俄国国会(1905—1917)的成因;但是坚持佩里是俄国国会的成因,对于我们毫无裨益:佩里和俄国国会两者之间已经没有任何真正或者实际的关系。在与事实相应的词项的每个系列里,不仅这些词项本身以及和它们有关联的事物和环境有变化,而且我们也有变化,这些词项对于我们的**意义**也有变化,因此,相同性的新类和因果关系的新类型不断出现而引起我们的兴趣。我们早先的思路,由于逐渐变得无关紧要,于是就被放弃。这些旧的词项不再能够替换,这些关系也不再能够“传递”下去,因为经验已经开辟了许多新的范围。我们的思路不是笔直的,而是曲折的;因而要使得思路保持笔直,人们必须强行制止它的自然发展。并不是人们经过仔细的寻觅(虽然我对此表示怀疑)根本不可能**找到**实际存在的某个思路,沿着这个思路,各种确实相同的词项,或者各种以相同的方式引起某种结果的原因,如果人们的兴趣在于作这样的寻找的话,都可以成系列地而又无限地排成一串。在这样的一些思路里,我们的公理可能有效,诸多原因可能是引起这些原因的结果之结果,等等等等;但是这样的一些思路本身,如果找到的话,只是一个硕大的自然网络的部分成分而已,在这个网络的其他思路里你不能在任何意义上说一个聪明人或者一个心智健全的人会 397
想到中项省略的原理仍旧有效。这在任何意义上不会是特别地**愚蠢**。在**实际的**世界里,在我们追求其隐藏涵义的世界里,同类事物的相同之处确实不是这些事物彼此之间的相同之处;而且许多事物恒常地成为其他事物的原因而不必是每一事物的原因,这些其他的事物就是每一事物的原因。

柏格森教授的确相信赫拉克利特式的“实在的变异”(devenir

réel)。我如果正确理解他的话,他应当完全否认在现实世界里逻辑公理是无条件地有效。按照柏格森的说法,不仅词项改变,以致事物的元素在一定的时间以后不再是以前的元素,而且关系也改变,因而不再以相等同的方式得到接着旧事物而来的新事物之间的关系。如果这真是这样的话,那么,相同之处,无论怎样地不明确,可能仍旧用来替代纯粹相同的逻辑世界里的相同之处,在真实运作的世界里实际开始并且追寻到底的同一性的每个思路终究会中断,因而不能更远地追溯其由来。同类事物的相同之处,在这样一个世界里,不会总是(或者更确切地说,在严格的意义里决不会)彼此相同,因为在这样的世界里在可用数字表示的不同事物之间
398 **没有**真正的或者理想的相同。原因的原因毫无疑问地是结果的原因,这在这样的世界里也不是真的;因为我们如果遵循真实的因果关系的思路,而不满足于休谟和康德的剔除了主要部分的图式论,我们就会发现:遥远的结果很少是由有原因的目的所要得到的,[①]没有一种有原因的活动无限地继续下去,因而中项省略的原则只能抽象地谈论。[②]

《一元论者》第一、二、三卷(1890—1893)刊登了查理·皮尔士(Charles S. Peirce)的几篇文章。这些文章的独创性明显地不能给人以直接的印象,但是,如果我没有弄错的话,这种独创性对于下一代的思想家是一个思想的宝藏。皮尔士先生的看法,虽然是用不同的路子得来的,和柏格森的看法却是完全一致的。这两位

① 请用佩里所要得到的结果和俄国国会比较。

② 请比较附录二以弄清我在这里所用"真实"('real')有原因的活动的意思。

哲学家都相信事物的新奇现象之出现是真实的。对于站在产生新奇的诸多原因之外的观察者来说，新奇的出现顶多是“机遇”；对于站在新奇的诸多原因之内的人来说，新奇是“自由的创造性活动”的表现。因此，皮尔士的“机遇论”(tychism)实际上和柏格森的“实在的变异”同义。不肯承认新奇事物的普通理由是，新奇事物从无到有，突如其来，打乱了这个世界合乎理性的持续性。皮尔士 399
把他的机遇论和一个明确的持续理论(synechism)结合起来，抵制这种反对意见。这两个理论融合成为一个更高的综合理论。他命名为“创生的爱心论”(a gapasticism)(loc，cit.，iii，188)，[①]这和柏格森的“创造进化论”(‘évolution créatrice’)的意思完全相同。新奇，如经验所示，不是突如其来，而是在不知不觉中渗漏所致，因为经验里接近的事物总是相互融合的，最小的真实的素材，即来即去，而且甚至于数字上的区别性也只有在一个具体的间隔已经过去以后才有效地实现。所有的间隔也使我们偏离方向的初始途径，因而一切原有的相同之处终于消失，因为他物性(otherness)破坏性地不断渗入，使得事物越出一切初始常规。一根弧线**决不**指向同一方向，正是如此，因而假定弧线在极短的时间里是一个有无穷边的多边形，这个概念就曲解了弧线的概念。皮尔士说到变异(diversification)有“无穷小的”趋势。一个无穷小的数学观念

① 皮尔士(Charles S. Peirce，1839—1934)认为，进化有三种方式：偶然的变异、机械的必然、创生的爱。他用基督教的教义来解释达尔文的进化论，并借以解释人类思想的发展。参看他的论文 Evolutionary Love，又见 Justus Buchler，ed.，The Philosophy of Peirce，Selected Writings，pp. 361—374，Havcourt，Brace& Co.，1940。——译者

事实上包含同一的同，又包含新生的异（other）的整个悖论，也就是包含这个悖论：同一，就其连续**改变**而言，**不能保持**同一；同一不会**传递**，我们所讨论的连续关系也不会传递，如果你把这些关系应用到现实，而不只是应用到概念上的话。

我的一个朋友有一个想法，我要在这里提一下，他想在极大的规模上用实例说明通过现实追溯同一思路的不可能性。他认为，
400 只要精确地界定历史上任何两个时期（例如13世纪末和19世纪末）的内容，然后精确地界定引导一个时期到另一时期的变化方向，最后把这个方向的思路延长到未来，就可以使得历史成为“科学的”了。他以为把历史变化方向的思路作这样的延长，我们就应当能够随意界定任何未来时期里事物的真实状态。我们都感到这样一种“历史”观之本质上的不真实性；但是，如果像皮尔士、柏格森和我相信的这样一种连续论的多元论是真实存在的东西，那么，发展的每个现象，甚至是最简单的现象，都会同样地无视我们的科学，假如科学自以为给予我们以现实之发展的绝对精确的，而不是近似的或者用统计学的方法概括出的图像的话。

在这篇短文里我只能简单地介绍皮尔士先生的思想，但是我恳切地建议所有研究柏格森的人把皮尔士的这些思想和这位法国哲学家的思想加以比较。

索　　引*

* 此索引根据英文原著附录编译,未予增删。汉译条目按照各条目首字的汉语拼音字母次序排列。索引中的页码为英文原著页码,亦即本书边码。

E

F

G

H

J

K

L

M

N

P

Q

R

S

T

W

X

Y

Z

译　后　记

本书译事始于1964年冬季，一载左右，初稿完工，十年浩劫，稍有散失。四凶既除，春回大地，补苴罅漏，修葺一过，作者原旨，愧未尽达，幸承范存忠、常道直两师以及周煦良、徐怀启两教授释疑解惑，受益实深。今四君俱作古人，不及见其印行，爰辍数语，用资悼念。

迩来老病寻侵，课业批阅为劳，此译时作时辍，以致译稿迁延，竟历三十春秋，方能于今脱手。承蒙滕大生、滕曙两先生不辞辛苦，大力协助；华东师范大学博士生张玲，硕士生涂德辉、王为杰、孙克瑞、张玉勤、郭宝仙诸君惠助亦多，并此致谢。

吴　棠

一九九四年十一月一日于上海

图书在版编目(CIP)数据

多元的宇宙/(美)威廉·詹姆斯著;吴棠译.—北京:商务印书馆,2017
(汉译世界学术名著丛书:120年纪念版:珍藏本)
ISBN 978-7-100-14864-1

Ⅰ.①多… Ⅱ.①威… ②吴… Ⅲ.①近代哲学—美国 Ⅳ.①B712.44

中国版本图书馆CIP数据核字(2017)第160080号

汉译世界学术名著丛书
(120年纪念版·珍藏本)
多 元 的 宇 宙
〔美〕威廉·詹姆斯 著
吴 棠 译

商 务 印 书 馆 出 版
(北京王府井大街36号 邮政编码100710)
商 务 印 书 馆 发 行
北 京 冠 中 印 刷 厂 印 刷
ISBN 978-7-100-14864-1

2017年12月第1版 开本 710×1000 1/16
2017年12月北京第1次印刷 印张 15¼
定价:75.00元